Méthode de lecture CP

Fabulire

Tome 2

Catherine de Santi-Gaud
Isabelle Meyjonade
Mireille Usséglio

RETZ
www.editions-retz.com
9 bis, rue Abel Hovelacque
75013 Paris

Sommaire Tome 2

1. Chaque épisode dure 3 jours.

ISBN : 978-2-7256-3018-2

À l'oral		Étude de la langue	Écriture (production d'écrits[2])
Vocabulaire	**Syntaxe**		
• Les thèmes : – de la pauvreté ; – des échanges ; – du partage ; – de la nourriture.	• La causalité : *parce que, car, puisque.* • Le pronom sujet *il.* • Le pronom complément *lui.*	• Le masculin / le féminin. • Les lettres muettes *t* et *d* en fin de mot.	• Utilisation systématique d'un corpus de mots proposé pour : – légender une illustration ; – compléter des bulles dans une BD ; – reformuler les informations sémantiques d'un récit.
• Les thèmes : – de la colère ; – de la peur ; – du courage.	• Les pronoms sujets *il, elle, on, ils, elles.* • Les pronoms compléments *lui, la, les.* • La chronologie. • Le rapport cause / conséquence : *Si…, alors…*	• Le masculin / le féminin. • Les noms en *il / ille.* • Le pluriel des verbes : *ils → -nt.*	• Utilisation systématique d'un corpus de mots proposé pour : – légender une illustration ; – décrire un personnage ; – compléter des bulles dans une BD.
• Les spécificités du documentaire animalier. • Savoir classer les animaux : – aspect physique ; – nourriture ; – habitat ; – déplacement ; – reproduction.		• Le genre et le nombre des noms et des adjectifs.	• Utilisation systématique d'un corpus de mots proposé pour : – écrire une fiche d'identité ; – légender un schéma ; – commenter une illustration.
• Les familles de mots autour des thèmes : – de la ruse ; – du courage ; – de la peur.	• la causalité : *si, puisque, comme, parce que, car.* • La chronologie. • Les pronoms sujets *je, ils, on, nous.* • Les pronoms compléments *le, la, l', les.* • Approche de la voie passive.	• Conjugaison : passé / présent / futur. • Le rapport sujet / verbe. • Le masculin / le féminin.	• Utilisation systématique d'un corpus de mots proposé pour : – écrire une recette ; – écrire des dialogues ; – légender une illustration ; – raconter une histoire à partir d'images.

2. Systématisation 1 jour sur 3.

Présentation du manuel

Modules 5 et 6

Épisode 3 — le grain de riz

… Pour faire cuire le riz, il faut faire du feu, avec du bois, du papier et des allumettes. Il n'en a pas. Il va chez Pierre, chez Jacques, chez Michel. Pierre lui passe du bois, Jacques des allumettes et Michel du papier.

Chaque fois qu'il emprunte quelque chose, ils disent :
– D'accord, mais on vient avec vous.
– D'accord, quand il y en a pour trois, il y en a pour quatre.
– D'accord, quand il y en a pour quatre, il y en a pour cinq.
– D'accord, quand il y en a pour cinq, il y en a pour six. …

16

Rappel de récit, anticipation à partir de l'illustration, puis questions de compréhension après lecture.

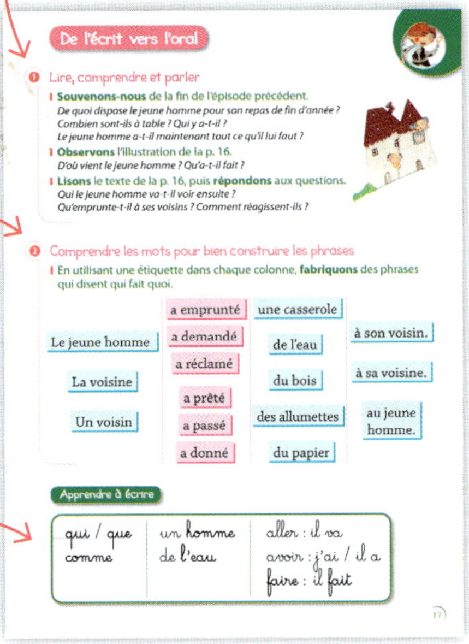
De l'écrit vers l'oral

1 Lire, comprendre et parler
- **Souvenons-nous** de la fin de l'épisode précédent.
  De quoi dispose le jeune homme pour son repas de fin d'année ? Combien sont-ils à table ? Qui y a-t-il ? Le jeune homme a-t-il maintenant tout ce qu'il lui faut ?
- **Observons** l'illustration de la p. 16.
  D'où vient le jeune homme ? Qu'a-t-il fait ?
- **Lisons** le texte de la p. 16, puis **répondons** aux questions.
  Qui le jeune homme va-t-il voir ensuite ? Qu'emprunte-t-il à ses voisins ? Comment réagissent-ils ?

2 Comprendre les mots pour bien construire les phrases
- En utilisant une étiquette dans chaque colonne, **fabriquons** des phrases qui disent qui fait quoi.

Le jeune homme	a emprunté	une casserole	à son voisin.
La voisine	a demandé	de l'eau	à sa voisine.
Un voisin	a réclamé	du bois	au jeune homme.
	a prêté	des allumettes	
	a passé	du papier	
	a donné		

Apprendre à écrire

qui / que comme	un homme de l'eau	aller : il va avoir : j'ai / il a faire : il fait

17

Travail sur le lexique et la syntaxe (activités de manipulation collective).

Travail de mémorisation orthographique.

Lecture collective et guidée du texte.

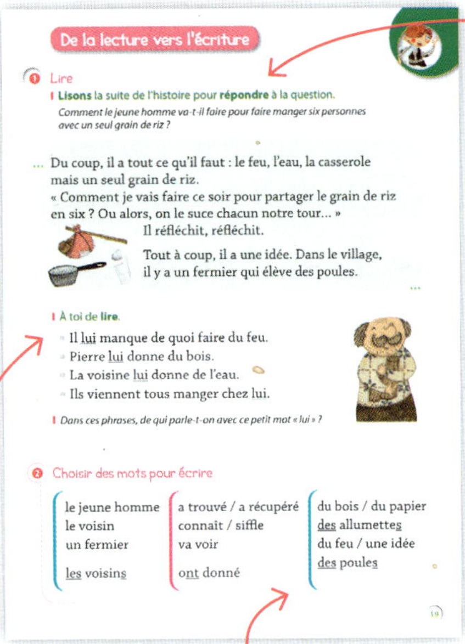
De la lecture vers l'écriture

1 Lire
- **Lisons** la suite de l'histoire pour **répondre** à la question.
  Comment le jeune homme va-t-il faire pour faire manger six personnes avec un seul grain de riz ?

… Du coup, il a tout ce qu'il faut : le feu, l'eau, la casserole mais un seul grain de riz.
« Comment je vais faire ce soir pour partager le grain de riz en six ? Ou alors, on le suce chacun notre tour… »
Il réfléchit, réfléchit.
Tout à coup, il a une idée. Dans le village, il y a un fermier qui élève des poules. …

- À toi de **lire**.
  - Il lui manque de quoi faire du feu.
  - Pierre lui donne du bois.
  - La voisine lui donne de l'eau.
  - Ils viennent tous manger chez lui.
- *Dans ces phrases, de qui parle-t-on avec ce petit mot « lui » ?*

2 Choisir des mots pour écrire

le jeune homme le voisin un fermier les voisins	a trouvé / a récupéré connaît / siffle va voir ont donné	du bois / du papier des allumettes du feu / une idée des poules

19

Suite de la lecture collective et guidée du texte avec questions en amont visant à motiver la lecture.

Entraînement : lecture autonome de phrases simples.

Aides lexicale et orthographique pour la production d'écrits.

Étude du code

Une ou deux pages par épisode dans chaque module

Observation et analyse de mots.

Panneau son au service de l'écriture.

Lecture de mots et de phrases déchiffrables et décodables.

Devinettes pour développer le plaisir de lire.

Virelangue pour jouer avec les mots et les sons.

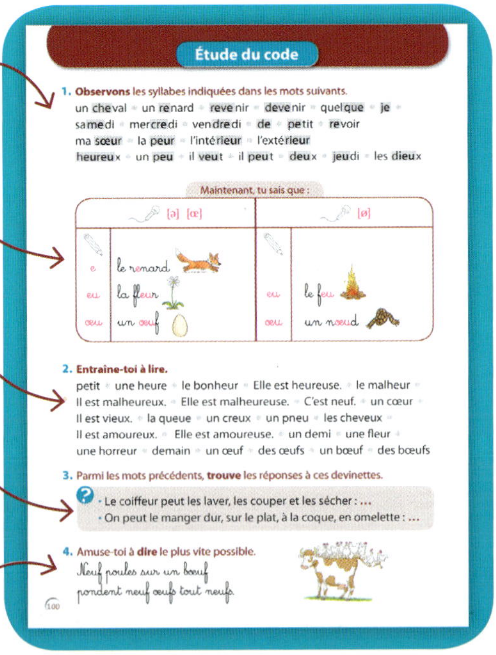
Étude du code

1. **Observons** les syllabes indiquées dans les mots suivants.
un cheval • un renard • revenir • devenir • quelque • je • samedi • mercredi • vendredi • de • petit • revoir • ma sœur • la peur • l'intérieur • l'extérieur • heureux • un peu • il veut • il peut • deux • jeudi • les dieux

Maintenant, tu sais que :

[ə] [œ]	[ø]
e — le renard eu — la fleur œu — un œuf	eu — le feu œu — un nœud

2. **Entraîne-toi à lire.**
petit • une heure • le bonheur • Elle est heureuse. • le malheur • Il est malheureux. • Elle est malheureuse. • C'est neuf. • un cœur • Il est vieux. • la queue • un creux • un pneu • les cheveux • Il est amoureux. • Elle est amoureuse. • un demi • une fleur • une horreur • demain • un œuf • des œufs • un bœuf • des bœufs

3. Parmi les mots précédents, **trouve** les réponses à ces devinettes.
- Le coiffeur peut les laver, les couper et les sécher : …
- On peut le manger dur, sur le plat, à la coque, en omelette : …

4. Amuse-toi à **dire** le plus vite possible.
Neuf poules sur un bœuf
pondent neuf œufs tout neufs.

100

Module 7

Lecture collective du documentaire d'information générale.

Les animaux du Grand Nord

L'ours

L'ours est un **mammifère**.
L'**ourse** allaite ses petits **oursons**.
Le **mâle** est toujours plus grand et plus gros que la **femelle**. Les ours sont des animaux solitaires.
Deux grandes espèces d'ours vivent dans les pays du Grand Nord : l'**ours polaire** et le **grizzli**.

L'**ours polaire** vit uniquement sur la **banquise***. Son épaisse fourrure blanche lui permet de se camoufler sur la glace.

Le **grizzli** est un ours brun. Il vit dans les forêts des montagnes.

Comment les ours font-ils pour se déplacer ?

Les ours sont très agiles et ils savent se dresser sur leurs **pattes** arrière. Ils peuvent aussi se déplacer très vite. Le **grizzli** est capable de grimper aux arbres grâce à ses longues **griffes**. L'**ours polaire** marche facilement sur la glace. C'est surtout un excellent nageur. Il peut aller chasser en pleine mer, très loin de la banquise.

* **banquise** : épaisse couche de glace qui se forme aux pôles quand la mer gèle.

66

Comment les oursons commencent-ils leur vie ?

L'ourse a un ou deux petits tous les trois ans. À la **naissance**, les **oursons** ne sont pas plus gros que des rats. Les oursons viennent au monde pendant que l'ourse hiverne dans sa tanière. Ils quittent leur mère vers trois ans, quand ils savent chasser et trouver un abri.

Petits textes à partager entre les élèves pour favoriser la lecture autonome et les échanges oraux.

De quoi les ours se nourrissent-ils ?

Le **grizzli** est un **omnivore** : il mange aussi bien des plantes que de la viande. Il se nourrit de baies, de racines, de champignons, d'insectes qu'il trouve dans la forêt. Mais il aime aussi le poisson. Quand les saumons remontent les rivières, l'ours brun sait les attraper d'un coup de patte.

L'**ours polaire** est le plus grand **carnivore** terrestre. Il se nourrit principalement de phoques et de poissons. Il chasse aussi bien sur la glace que dans l'eau. La graisse du phoque lui permet de grossir très vite et de faire des réserves pour l'hiver.

67

Questions pour motiver la lecture des petits textes à partager.

Travail sur l'acquisition d'un vocabulaire spécifique.

Textes « clins d'œil » pour en apprendre plus.

De l'écrit vers l'oral

1 Lire, comprendre et parler

Dans les textes documentaires des pp. 66-67, **retrouvons** les réponses aux questions suivantes.
- *Où trouve-t-on les ours blancs et bruns du Grand Nord ?*
- *Que savons-nous sur la naissance des oursons ?*
- *Que mangent les ours ?*
- *Comment les ours se déplacent-ils ?*

2 Acquérir du vocabulaire

- La **tête** est petite par rapport au **corps** :
  - des petites **oreilles** rondes et une ouïe très fine ;
  - des **yeux** tout noirs et une **vue** médiocre ;
  - un **museau** allongé ;
  - des **narines** noires et un odorat très développé.

- Les **pattes** sont puissantes pour se déplacer très vite.

Elles ont 5 **doigts** avec des coussinets bien marqués et des **griffes** non rétractiles.

Les pattes avant de l'ours polaire sont à moitié palmées pour mieux nager.

Apprendre à écrire

comment car	un mâle une femelle la tête / le corps	il court / ils courent il nage / ils nagent

69

De la lecture vers l'écriture

1 Lire

C'est étonnant ! Le savais-tu ?

Quand il est sous l'eau, l'ours polaire garde les yeux ouverts, mais il sait fermer ses **narines** pour retenir sa **respiration**.

La **fourrure** de l'ours polaire est deux fois plus épaisse que celle de l'ours brun ! Elle lui tient tellement chaud qu'il ne supporte pas les températures de plus de 10°.

Le grizzli marque son **territoire** en griffant profondément les troncs des arbres.

On l'appelle « grizzli » car le bout de ses poils est gris (*grizzle* signifie en anglais « perruque grise » !).

2 Choisir des mots pour écrire

Des noms
l'ours polaire / l'ourse / l'ourson
le grizzli / la banquise / la glace
la neige / la mer / la forêt / un arbre
la nourriture / une proie / un phoque
un poisson / un saumon

Des verbes
- il : plonge / nage
grimpe / cherche
se sauve / se dresse

71

Aides lexicale et orthographique pour la production d'écrits.

Module 8

Lecture collective du texte.

Lecture du texte par l'enseignant (caractères réduits).

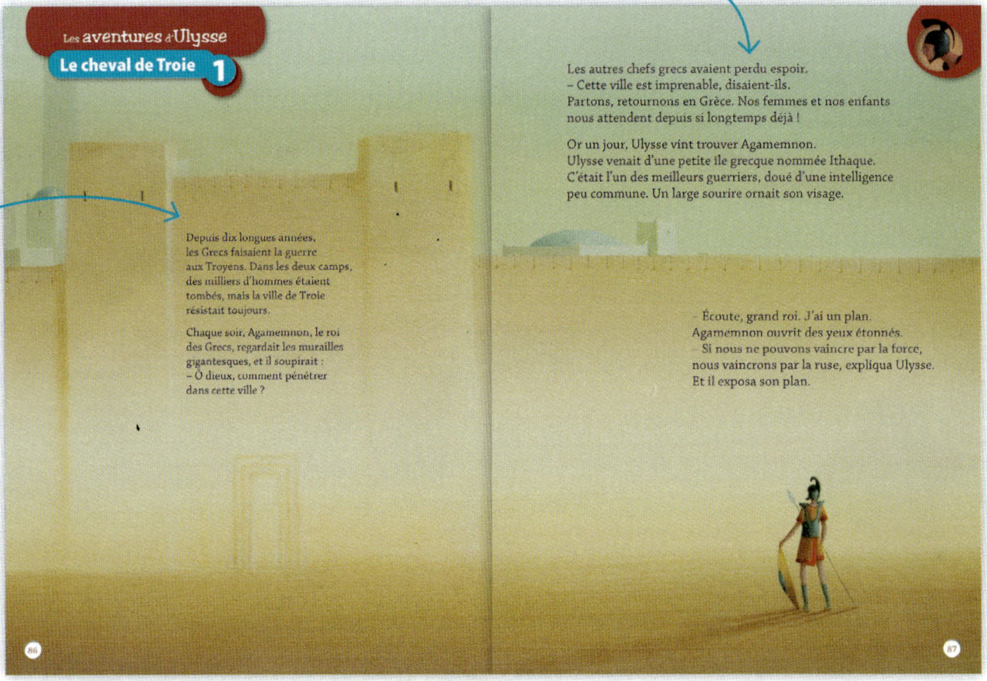
Les aventures d'Ulysse

Le cheval de Troie 1

Depuis dix longues années, les Grecs faisaient la guerre aux Troyens. Dans les deux camps, des milliers d'hommes étaient tombés, mais la ville de Troie résistait toujours.

Chaque soir, Agamemnon, le roi des Grecs, regardait les murailles gigantesques, et il soupirait :
– Ô dieux, comment pénétrer dans cette ville ?

Les autres chefs grecs avaient perdu espoir.
– Cette ville est imprenable, disaient-ils.
Partons, retournons en Grèce. Nos femmes et nos enfants nous attendent depuis si longtemps déjà !

Or un jour, Ulysse vint trouver Agamemnon.
Ulysse venait d'une petite île grecque nommée Ithaque.
C'était l'un des meilleurs guerriers, doué d'une intelligence peu commune. Un large sourire ornait son visage.

– Écoute, grand roi. J'ai un plan.
Agamemnon ouvrit des yeux étonnés.
– Si nous ne pouvons vaincre par la force, nous vaincrons par la ruse, expliqua Ulysse.
Et il exposa son plan.

86 87

Anticipation à partir de l'illustration, écoute du texte lu par l'enseignant, puis questions de compréhension après lecture.

Poursuite du travail sur le lexique et la syntaxe.

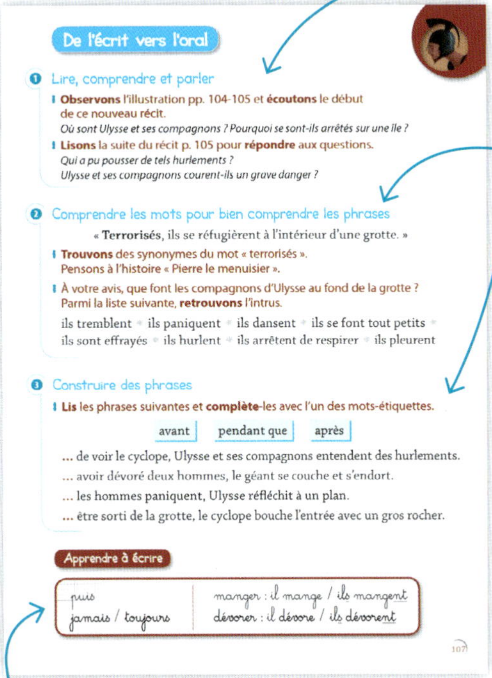
De l'écrit vers l'oral

1 Lire, comprendre et parler

- **Observons** l'illustration pp. 104-105 et **écoutons** le début de ce nouveau récit.
  Où sont Ulysse et ses compagnons ? Pourquoi se sont-ils arrêtés sur une île ?
- **Lisons** la suite du récit p. 105 pour **répondre** aux questions.
  Qui a pu pousser de tels hurlements ?
  Ulysse et ses compagnons courent-ils un grave danger ?

2 Comprendre les mots pour bien comprendre les phrases

« **Terrorisés**, ils se réfugièrent à l'intérieur d'une grotte. »

- **Trouvons** des synonymes du mot « terrorisés ».
  Pensons à l'histoire « Pierre le menuisier ».
- À votre avis, que font les compagnons d'Ulysse au fond de la grotte ?
  Parmi la liste suivante, **retrouvons** l'intrus.

ils tremblent • ils paniquent • ils dansent • ils se font tout petits • ils sont effrayés • ils hurlent • ils arrêtent de respirer • ils pleurent

3 Construire des phrases

- **Lis** les phrases suivantes et **complète**-les avec l'un des mots-étiquettes.

avant | pendant que | après

... de voir le cyclope, Ulysse et ses compagnons entendent des hurlements.
... avoir dévoré deux hommes, le géant se couche et s'endort.
... les hommes paniquent, Ulysse réfléchit à un plan.
... être sorti de la grotte, le cyclope bouche l'entrée avec un gros rocher.

Apprendre à écrire

puis
jamais / toujours

manger : il mange / ils mangent
dévorer : il dévore / ils dévorent

107

Travail de mémorisation orthographique.

Textes informatifs pour enrichir et prolonger la lecture du récit.

Aides lexicale et orthographique pour la production d'écrits.

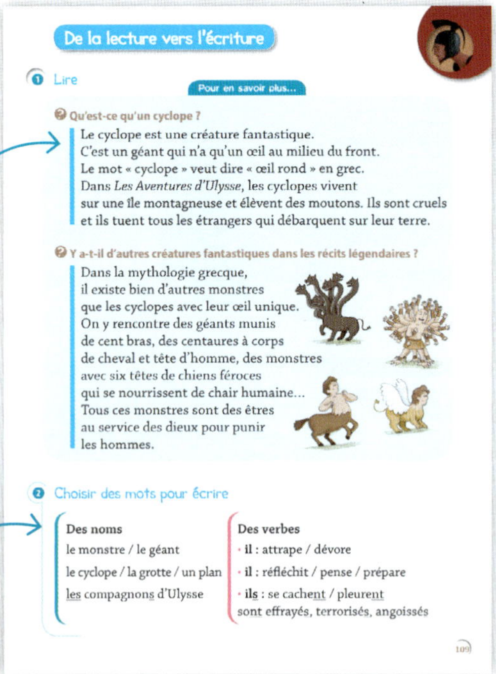
De la lecture vers l'écriture

1 Lire

Pour en savoir plus...

Qu'est-ce qu'un cyclope ?

Le cyclope est une créature fantastique.
C'est un géant qui n'a qu'un œil au milieu du front.
Le mot « cyclope » veut dire « œil rond » en grec.
Dans *Les Aventures d'Ulysse*, les cyclopes vivent sur une île montagneuse et élèvent des moutons. Ils sont cruels et ils tuent tous les étrangers qui débarquent sur leur terre.

Y a-t-il d'autres créatures fantastiques dans les récits légendaires ?

Dans la mythologie grecque, il existe bien d'autres monstres que les cyclopes avec leur œil unique. On y rencontre des géants munis de cent bras, des centaures à corps de cheval et tête d'homme, des monstres avec six têtes de chiens féroces qui se nourrissent de chair humaine... Tous ces monstres sont des êtres au service des dieux pour punir les hommes.

2 Choisir des mots pour écrire

Des noms
le monstre / le géant
le cyclope / la grotte / un plan
les compagnons d'Ulysse

Des verbes
- **il** : attrape / dévore
- **il** : réfléchit / pense / prépare
- **ils** : se cachent / pleurent
sont effrayés, terrorisés, angoissés

109

Le grain de riz

Texte de Alain Gaussel
Illustrations de Fabienne Pierron

Épisode 1 Le grain de riz

Il était une fois un jeune homme qui était très pauvre.
C'était le 31 décembre, le dernier jour de l'année,
et d'habitude, ce jour-là, on fait un bon repas.
Alors, il se dit : « Qu'est-ce que je vais bien pouvoir
manger ? Qu'est-ce que j'ai dans ma cuisine ? »

Le jeune homme va dans sa cuisine ;
il ne lui reste plus rien : pas de pommes
de terre, pas de spaghettis, pas de
couscous, pas de haricots, pas de lentilles,
pas de pain, pas de sucre, pas de chocolat,
pas de lait, RIEN, RIEN, RIEN.

Il avait une vieille, vieille table en bois,
il tire le tiroir de la table et là,
qu'est-ce qu'il trouve,
coincé dans une fente de tiroir ? ...

De l'écrit vers l'oral

1 Lire, comprendre et parler

- **Observons** l'illustration de la p. 8.
  Que pouvons-nous imaginer du personnage principal ?
  Comment est-il ? Que fait-il ?

- **Lisons** le texte de la p. 8, puis **répondons** aux questions.
  Quand l'histoire se passe-t-elle ? Quel jour ? Est-ce important ?
  Quel est le problème du jeune homme ?

2 Construire des phrases

- En utilisant une phrase jaune, une phrase verte et l'un des mots suivants, « parce que », « car » ou « puisque » :
  – nous pouvons **fabriquer** des phrases justes ;
  – nous pouvons aussi **fabriquer** des phrases qui n'ont aucun sens.

Il veut faire un bon repas.

Il ne peut pas faire un bon repas.

Il ouvre le tiroir de sa table.

Il cherche quelque chose à manger.

Il n'a plus rien dans ses placards.

Il veut fêter le dernier jour de l'année.

Apprendre à écrire

un jour	il faut
un matin	il me faut

Étude du code

1. Relisons ensemble ces syllabes et ces mots connus.

fa * fe * fi * fo * fu * fou * foi

un enfant * une fenêtre * les confitures * un frère * le chef

Il est fâché. * Il fait une farce. * une fois * Zéphirin * ils font

Observons la lettre (ou les lettres) et le son que l'on voit et que l'on entend toujours.

Maintenant, tu sais que :

[f]	f / ph
la forêt 	un téléphone 

2. Entraîne-toi à lire.

1. Il fume. * du fil * un foulard * une fiche * de la farine * la foire * la folie * un phare * une affiche * la foule * Il est fou. * une file d'enfants * Elle est folle. * un film

On a collé deux consonnes.

2. fra * fri * fla * frou * fro * flou * fru * flu * fli * fra
un froufrou * une fripe * frire * le froid * une flamme * C'est flou. * il frappe * il frôle * un frère

Fais attention à l'ordre des lettres.

3. fra * far * fri * fir * frou * four * fil * fla * fal
un four * une fourmi * une formule * une forme * du fil * une firme * une friche * Elle est franche. * Il se fâche. * Il est fort. * il filme * une fourche * C'est frais. * un fruit

3. Amuse-toi à **dire** le plus vite possible.

Il était une fois une marchande de foie
qui vendait du foie dans la ville de Foix...

De la lecture vers l'écriture

1 Lire

Lisons la suite de l'histoire pour **répondre** aux questions.
Que découvre le jeune homme dans le tiroir ?
Va-t-il trouver quelque chose pour faire un bon repas ?

… Le jeune homme trouve un grain de riz. Il se dit :
« Je vais manger ce grain de riz. Ça vaut mieux de manger un grain de riz que de ne rien manger du tout. Je vais le faire cuire, ça me fera passer le temps. »

Mais pour faire cuire son grain de riz, il lui faut une casserole. Il est tellement pauvre qu'il n'a plus de casserole : il a déjà vendu toute sa vaisselle.

…

À toi de **lire.**

- Le dernier jour de l'année, on fait un bon repas.
- Le jeune homme n'a plus rien dans sa cuisine.
- Le jeune homme est très pauvre.
- Pour cuire du riz, il faut une casserole.

2 Choisir des mots pour écrire

un homme	trouve	un grain
-------------	cherche	du riz
jeune	regarde	un tiroir
pauvre	découvre	au fond
	veut faire cuire	un placard

... Le jeune homme va trouver son voisin :

– Tu peux me prêter une casserole ? J'ai du riz à faire cuire pour ce soir.

– D'accord, dit son voisin, je te prête la casserole, mais ce soir je viens manger avec toi.

– D'accord, quand il y en a pour un, il y en a pour deux.

Pour faire cuire le riz, il faut mettre de l'eau dans la casserole. Il n'en a pas, parce qu'il n'y a pas l'eau courante dans les maisons.

« La voisine, elle va bien me passer un peu d'eau », pense-t-il. ...

De l'écrit vers l'oral

1 Lire, comprendre et parler

- **Souvenons-nous** du début de l'histoire.
  Quel est le problème du jeune homme ?
- **Lisons** le texte de la p. 12, puis **répondons** aux questions.
  Qui le jeune homme va-t-il voir ?
  Que lui demande-t-il ?
  Quel est le problème du jeune homme quand il a la casserole ?

2 Comprendre les mots pour bien comprendre les phrases

- **Associons** à chaque question (en jaune) une réponse (en vert).

Pourquoi le jeune homme va-t-il voir son voisin ?

Pourquoi le jeune homme n'a-t-il pas d'eau ?

Pourquoi a-t-il besoin d'eau ?

Pourquoi va-t-il chez sa voisine ?

… car il n'y a pas l'eau courante dans les maisons.

… car il a besoin d'une casserole.

… car il en faut pour cuire le riz.

… car il veut lui demander de l'eau.

Apprendre à écrire

mais pour	un jour un matin	il faut il me faut aller : il va avoir : j'ai / il a

Étude du code

1. Relisons ensemble ces syllabes et ces mots connus.

mon * ton * son * ron * pon * chon * fon

le **mon**de * un gar**çon** * la mai**son** * le sa**lon** * ils **son**t *

ils **fon**t * les **bonbon**s * les La**pon**s

Observons les lettres et le son que l'on voit et que l'on entend toujours.

Maintenant, tu sais que :

[ɔ̃]	on / om
un ballon 	un nombre 

2. Entraîne-toi à lire.

1. un rond * un pont * un melon * un moucheron * un plafond * un pompon * une pompe * le front * une ronde * un chaton * un mouton * un raton * un marron * un frelon * le talon

Ne confonds pas on, ou et oi.

2. un chou / un choix * un pont / un poids * une route / une ronde * une fois / un fou / le fond * le roi / le rond / une roue * C'est à moi. / C'est mou. * C'est long. / C'est lourd. * le front / le froid / la foire / le four / un froufrou

Maintenant, tu sais que :

la lettre o dans…

un ballon  le loup  le roi  …

De la lecture vers l'écriture

1 Lire

Lisons la suite de l'histoire pour **répondre** à la question.

La voisine va-t-elle accepter de donner de l'eau au jeune homme ?

... Le jeune homme va chez la voisine :
– J'ai du riz à faire cuire pour ce soir pour le voisin et moi, mais je n'ai pas d'eau. Tu peux m'en passer un peu ?

La voisine lui répond :
– D'accord, mais je me suis donné du mal pour aller à la fontaine, je te passe de l'eau mais je viendrai manger le riz avec vous.
– D'accord, quand il y en a pour deux, il y en a pour trois. ...

À toi de **lire**.

- Il offre deux casseroles.
- Il va chez la voisine.
- Il prête une casserole.
- Il a besoin d'eau.
- Il s'invite à manger.

Dans ces phrases, **précise** de qui il s'agit : le jeune homme ou le voisin ?

2 Choisir des mots pour écrire

le voisin le jeune homme	propose / offre choisit demande va trouver a besoin de	une casserole deux casseroles le riz - - - - - - grande / petite

Épisode 3 Le grain de riz

… Pour faire cuire le riz, il faut faire du feu, avec du bois, du papier et des allumettes. Il n'en a pas. Il va chez Pierre, chez Jacques, chez Michel. Pierre lui passe du bois, Jacques des allumettes et Michel du papier.

Chaque fois qu'il emprunte quelque chose, ils disent :

– D'accord, mais on vient avec vous.

– D'accord, quand il y en a pour trois, il y en a pour quatre.

– D'accord, quand il y en a pour quatre, il y en a pour cinq.

– D'accord, quand il y en a pour cinq, il y en a pour six. …

De l'écrit vers l'oral

1 Lire, comprendre et parler

- **Souvenons-nous** de la fin de l'épisode précédent.
  De quoi dispose le jeune homme pour son repas de fin d'année ?
  Combien sont-ils à table ? Qui y a-t-il ?
  Le jeune homme a-t-il maintenant tout ce qu'il lui faut ?
- **Observons** l'illustration de la p. 16.
  D'où vient le jeune homme ? Qu'a-t-il fait ?
- **Lisons** le texte de la p. 16, puis **répondons** aux questions.
  Qui le jeune homme va-t-il voir ensuite ?
  Qu'emprunte-t-il à ses voisins ? Comment réagissent-ils ?

2 Comprendre les mots pour bien construire les phrases

- En utilisant une étiquette dans chaque colonne, **fabriquons** des phrases qui disent qui fait quoi.

Le jeune homme	a emprunté	une casserole	à son voisin.
La voisine	a demandé	de l'eau	à sa voisine.
Un voisin	a réclamé	du bois	au jeune homme.
	a prêté	des allumettes	
	a passé	du papier	
	a donné		

Apprendre à écrire

qui / que comme	un homme de l'eau	aller : il va avoir : j'ai / il a faire : il fait

Étude du code

Tu sais déjà que la lettre **o** fait plusieurs sons selon son environnement.

1. Relisons ensemble ces mots connus.

les Korrigans * un garçon * aussitôt * un problème * un ballon *
il ordonne * du chocolat * donner * un loup * un voisin *
d'accord * un haricot * un homme * C'est lourd. *
une casserole * trois * alors * il propose

Maintenant, tu sais que :

la lettre o dans…

un ballon  le loup  le roi 

une radio  une pomme  …

2. Observons les syllabes indiquées dans les mots suivants.

de l'**eau** * il **fau**t * un ca**deau** * **au** revoir * **Zorro** * **pau**vre *
aussi**tô**t * **mau**vais * à nou**veau** * un hari**co**t * **tro**p

Maintenant, tu sais que :

[o]  o / au / eau

une radio  jaune  un cadeau 

3. Entraîne-toi à lire.

une poche * un poireau * C'est faux. * le repos * C'est promis. *
un chameau * un mot * la peau * un chapeau * C'est chaud. *
Il est fort. * un polochon

De la lecture vers l'écriture

1 Lire

Lisons la suite de l'histoire pour **répondre** à la question.

Comment le jeune homme va-t-il faire pour faire manger six personnes avec un seul grain de riz ?

… Du coup, il a tout ce qu'il faut : le feu, l'eau, la casserole mais un seul grain de riz.
« Comment je vais faire ce soir pour partager le grain de riz en six ? Ou alors, on le suce chacun notre tour… »

Il réfléchit, réfléchit.

Tout à coup, il a une idée. Dans le village, il y a un fermier qui élève des poules.

…

À toi de **lire**.

- Il lui manque de quoi faire du feu.
- Pierre lui donne du bois.
- La voisine lui donne de l'eau.
- Ils viennent tous manger chez lui.

Dans ces phrases, de qui parle-t-on avec ce petit mot « lui » ?

2 Choisir des mots pour écrire

le jeune homme	a trouvé / a récupéré	du bois / du papier
le voisin	connaît / siffle	des allumettes
un fermier	va voir	du feu / une idée
les voisins	ont donné	des poules

Épisode 4 Le grain de riz

… Le jeune homme va trouver le fermier.
Il lui dit :
– Ce soir, on est six à manger du riz.
Il y a le voisin, la voisine, Pierre, Jacques,
Michel et moi. Toi, tu es tout seul,
tu dois t'ennuyer. Si tu as envie de venir
manger avec nous, tu seras le bienvenu.
Mais on est de pauvres gens, on mange
le riz sec, sans viande, sans assaisonnement.
Toi, tu mangerais le riz avec une poule,
par exemple, mais si tu veux manger notre riz,
tu seras le bienvenu. …

De l'écrit vers l'oral

1 Lire, comprendre et parler

- **Souvenons-nous** du début de l'histoire.
  Quel est le problème du jeune homme ?
  Qui veut-il aller voir ? Quelle est son idée ?
- **Observons** l'illustration de la p. 20.
  Qui est ce nouveau personnage ?
  Que se passe-t-il ?
- **Lisons** le texte de la p. 20, puis **répondons** aux questions.
  Est-ce que le jeune homme dit la même chose au fermier et aux autres personnes ?
  Est-ce qu'il lui demande une poule ? Pourquoi ?
  Que va faire le fermier ?

2 Comprendre les mots pour bien construire les phrases

- **Construisons** toutes les phrases vraies possibles avec les étiquettes suivantes.

le jeune homme

invite

le fermier

le voisin

s'invite chez

Michel

la voisine

Pierre

Jacques

Apprendre à écrire

qui / que	un homme	faire : il fait
comme	de l'eau	je **veux** / tu **veux** / il **veut**

Étude du code

1. Relisons ensemble ces syllabes et ces mots connus.

ta * te * ti * to * tu * tou * toi * ton * tau * teau * trou

trouver * tout * trois * le matin * la matinée * la tour * aussitôt

Observons la lettre et le son que l'on voit et que l'on entend toujours.

Maintenant, tu sais que :

[t]	t
une tortue	ses pattes

2. Entraîne-toi à lire.

une autruche * une tulipe * un tapis * une toupie * une tarte *
un trou * une auto * un plateau * un taureau * une taupe *
une touche * un râteau * un poteau * une photo * une moto

3. Relisons ensemble ces mots connus.

il dit * petit * ils ont * un paquet * et * la distribution

Maintenant, tu sais que :

la lettre t dans…

une tortue

attention

un paquet

un lit

4. Amuse-toi à **dire** le plus vite possible.

Tas de riz tenta tas de rats.
Tas de rats tentés tâta tas de riz tentant.

De la lecture vers l'écriture

1 Lire

Lisons la suite de l'histoire pour **répondre** aux questions.

Le fermier va-t-il accepter l'invitation ? Si oui, comment vont-ils faire ?

…

Le fermier dit :
– Je viens manger votre riz, mais je ne vais pas venir les mains vides, c'est normal que j'apporte quelque chose. Tiens, prends cette petite poule grasse qui est là.

Le garçon prend la poule, il est content.
Il vaut mieux manger une poule à sept que manger un seul grain de riz à six.

…

À toi de **lire**.

- Le jeune homme invite le fermier.
- Maintenant, ils sont sept à table.
- Le fermier va apporter une poule pour le repas.
- Pour le repas du soir, il y aura du riz et une poule.

2 Choisir des mots pour écrire

je viens	m'offrir	chez toi
veux-tu	m'inviter	chez moi
je ne veux pas	manger	avec nous
je te donne	venir	avec vous
je t'invite		une poule
tu es le bienvenu		les mains vides
c'est gentil		

... Mais, quand même, une poule à sept, ça ne fait pas un gros morceau pour chacun. « Je suis bête de lui avoir parlé de ses poules, j'aurais dû lui parler de ses dindes ou de ses oies », pense le jeune homme.

Dans le village, il y a une vieille qui élève des dindes. Il va trouver la vieille. Il dit :

– Ce soir, on est sept à manger une poule au riz : le voisin, la voisine, Pierre, Jacques, Michel, le fermier et moi. Toi, tu es seule, tu dois t'ennuyer. Si tu as envie de venir manger avec nous, tu seras la bienvenue. On aura une poule pour huit, ça ne fait pas un gros morceau chacun, c'est pas aussi gros qu'une dinde, mais on se débrouillera avec la poule pour huit. ...

De l'écrit vers l'oral

1 Lire, comprendre et parler

- **Souvenons-nous** de l'histoire et **observons** l'illustration de la p. 24.
  Qui est ce nouveau personnage ?
  Pouvons-nous prévoir ce qui va se passer ?
- **Lisons** le texte de la p. 24, puis **répondons** aux questions.
  Pourquoi le jeune homme va-t-il voir la vieille ?
  Qu'espère-t-il ?

2 Comprendre les mots pour bien construire les phrases

- En utilisant à chaque fois deux étiquettes bleues et une étiquette rose, **construisons** des phrases vraies.

	donne	
le jeune homme	offre	une poule
la vieille	propose	une dinde
le fermier	reçoit	
	accepte	

- **Recommençons** avec deux nouvelles étiquettes roses.

est proposée par | est donnée par

Apprendre à écrire

je veux / tu veux / il veut
donner : il donne / ils donnent

Étude du code

1. Relisons ensemble ces syllabes et ces mots connus.

da * de * di * do * du * dou * doi * don * dre

une **dinde** * ai**der** * bou**der** * **dan**s * **des** * lun**di** * mar**di** *
mercre**di** * jeu**di** * ven**dredi** * same**di** * **di**manche

Observons la lettre et le son que l'on voit et que l'on entend toujours.

Maintenant, tu sais que :

[d]	d
une dinde 	une addition 1+5=6

La lettre **d** ne fait pas toujours le son [d]. Exemple : *Il est grand…*

2. Entraîne-toi à lire.

1. une douche * un rideau * une ronde * un radis * une dalle *
un don * le dos * la moutarde * un radeau * un lardon *
douter * C'est fade. * C'est doux. * C'est dur. * un doigt

On a collé deux consonnes.

2. dra * dre * dri * dro * dru * droi * dron
de la poudre * un drapeau * pondre * la foudre * une droite *
C'est drôle. * ils voudront * un drap * Il est adroit.

Fais attention à l'ordre des lettres.

3. dar * dra * dur * dru * dri * dir * dro * dor
dormir * un radar * un drap * un dromadaire * un druide

3. Amuse-toi à **dire** le plus vite possible.

Un dragon se dresse dare-dare
pour draguer sa dragonne.

De la lecture vers l'écriture

1 Lire

Lisons la suite de l'histoire pour **répondre** aux questions.

La vieille va-t-elle faire comme le fermier ?
Est-ce que le jeune homme va continuer comme ça avec d'autres voisins ?

… La vieille dit :
– Moi, je ne vais pas venir les mains vides, les dindes, je les vends, je suis toute seule, je n'ai pas l'occasion d'en manger. Pour une fois que je peux en manger en compagnie… Tiens, prends la petite dinde qui est là…

Comme il voit que ça marche bien comme ça,
il va chez le jardinier pour avoir des légumes,
chez le pâtissier pour avoir des gâteaux,
chez l'épicier pour l'assaisonnement.

…

À toi de **lire**.

- Ce soir, il pourra faire un vrai repas de fin d'année.
- Le jeune homme est content de fêter le 31 décembre.
- Le jeune homme a tout ce qu'il faut pour faire la fête avec ses amis.
- Tous les voisins donnent quelque chose au jeune homme.

2 Choisir des mots pour écrire

le jeune homme	est allé voir	une poule / une dinde
le jardinier	a reçu	un gâteau / une casserole
le boulanger	a récupéré	des légumes / des carottes
le pâtissier	a donné	du sel / du poivre / des allumettes
l'épicier	a offert	du bois / du papier

… Ce qui fait que le soir, ils sont au moins quinze à table et il y a un magnifique repas : la dinde, un ragoût, la poule, des gâteaux…
Ils se régalent.

Au milieu du repas, il y en a un qui dit :
– Ce matin, tu nous as dit que tu nous invitais à manger du riz, où est ton riz ?
– Ah ! le riz… j'ai oublié de le mettre dans la casserole. De toute façon, vous n'avez pas raté grand-chose.

Il a pris le grain de riz, il leur a montré, il leur a raconté l'histoire et eux, ils ont bien ri !

Quelques modifications ont été apportées au texte original du conte pour raccourcir certains passages.

De l'écrit vers l'oral

1 Lire, comprendre et parler

- **Souvenons-nous** de l'histoire et **observons** l'illustration de la p. 28.
  À quel moment se situe ce repas ?
  Qui reconnaissons-nous autour de cette table ?
  Quels personnages manque-t-il ?

- **Lisons** le texte de la p. 28, puis **répondons** aux questions.
  Le repas est magnifique : pourquoi ? Grâce à qui ?
  Que pensent les invités du jeune homme ? Est-ce une belle fête ?

2 Construire des phrases

- En utilisant à chaque fois deux étiquettes bleues et une étiquette rose, **construisons** deux phrases différentes mais qui veulent dire la même chose.

la poule	offre / est offerte par	le fermier
les légumes	sont donnés par / donne	le jardinier
les gâteaux	offre / sont offerts par	le pâtissier
la dinde	est donnée par / donne	la vieille
l'assaisonnement	est offert par / offre	l'épicier

Apprendre à écrire

avec chez autour	donner : il donne / ils donnent faire : il fait / ils font

Étude du code

1. Relisons ensemble ces syllabes et ces mots connus.

va * ve * vi * vo * vu * vou * voi * von

un voisin * vendredi * vous * avec * il va * il vient *

arriver * Il arrive. * vouloir * il veut * je veux * voir * il voit

Observons la lettre et le son que l'on voit et que l'on entend toujours.

Maintenant, tu sais que :

[v]	*v*
une **v**oiture	

2. Entraîne-toi à lire.

1. une vache * le vide * la vie * une villa * un violon * voilà * la varappe * une ville * C'est valable. * Il vole. * il veut voir * il ouvre * un cheval * un savon * des raviolis * la voile

Ne confonds pas [f] et [v] !

2. va * fa * vra * fra * vau * fau * vi * fi * vri * fri * vu * fu * vou * fou * frou * von * fon * fron * vron

des livres * il ouvre * un fauve * un veau * des poivrons * du poivre * un frelon * des frites * un fardeau * Il est chauve. * Il va vite. * il retrouve * le mois d'avril * un vautour * frotter * un vallon * il frappe * une voûte

3. Amuse-toi à **dire** le plus vite possible.

Va vite voir si Vincent a vendu son vélo à Vladimir.

De la lecture vers l'écriture

1 Lire

Lisons ce texte résumé.

Comment préparer un bon repas pour fêter le dernier jour de l'année quand on n'a qu'un seul grain de riz et rien pour le faire cuire ?

Avec un peu de malice et grâce à l'aide et à la générosité de tous ses voisins, le jeune homme de cette histoire a réussi à organiser un vrai festin !

À quel moment comprend-on que le jeune homme pourra organiser un vrai repas de fête ?

À toi de **lire**.

- Le jeune homme a réuni tous ses amis.
- C'est la fête ! Le repas est magnifique !
- Tout le monde est content.
- Tous les invités se régalent avec ce qu'ils ont apporté.
- Le jeune homme a réussi à préparer un vrai festin pour fêter la fin de l'année.

2 Choisir des mots pour écrire

tous les invités
tous les voisins
tous les amis

se retrouvent chez
sont / font
mangent
rient / rigolent
s'amusent
parlent / discutent

l'homme
autour d'une table
un repas
avec plaisir

jeune bon belle

Étude de la langue

1. Masculin ou féminin ?

Observons :

une ⟷	**un**
la / elle	le / il

- *Quel est le petit mot qui manque dans chaque étiquette : « un » ou « une » ?*

... boulanger	... épicier	... pâtissière
... épicière	... boulangère	... boucher
... pâtissier	... bouchère	... charcutier
... écolière	... charcutière	... écolier

- *Qui va avec qui ? Quel est leur lieu de travail ?*

2. Les lettres muettes

Les lettres **t** et **d** ne s'entendent pas en fin de mot.
On dit qu'elles sont **muettes**… mais il faut les **écrire** !

- Parfois, on peut savoir qu'elles existent grâce au féminin.

Elle est petite. ⟶ Il est petit.
Elle est forte. ⟶ Il est for... .
Elle est grande. ⟶ Il est gran... .
Elle est chaude. ⟶ Il est chau... .

- On peut aussi penser à la famille du mot.

un cha... / une chatte * un chaton * une chatière
un renar... / la renarde * le renardeau
un éléphan... / une éléphante * un éléphanteau
le retar... / il est tard * retarder * s'attarder * tardif * tarder

6

Pierre le menuisier

Texte de Laure Le Moing
Illustrations de Lucie Minne

Épisode 1 Pierre le menuisier

L'histoire que voici se passe dans les régions du Grand Nord, au cœur de l'hiver, quand la neige recouvre tout. La nuit tombe vite en cette période. Les hommes n'ont pas grand-chose à faire. Alors, ils ne sortent guère de chez eux. Ils restent bien au chaud dans les maisons et se réunissent au coin du feu pour de longues veillées. Chacun raconte des histoires, évoque ses souvenirs, ses joies, ses peines et parfois quelques belles frayeurs...

Pierre était un jeune menuisier qui savait tout faire avec ses mains. Il était capable de réparer n'importe quel outil cassé, n'importe quel meuble bancal et il les rendait presque neufs.

Le soir, pour s'amuser, il taillait des petites flûtes dans de minuscules morceaux de bois. Elles imitaient le chant des oiseaux et les enfants les adoraient. ...

De l'écrit vers l'oral

1 Lire, comprendre et parler

- **Observons** l'illustration de la p. 34 et **écoutons** le début de l'histoire.
  Quand et où se passe-t-elle ?
  Comment le savons-nous ? Quels sont les éléments du texte qui le disent ?

- **Lisons** le texte de la p. 34, puis **répondons** aux questions.
  Qui est le personnage principal de cette histoire ?
  Que sait-on de lui ?
  Pourquoi les enfants adoraient-ils les flûtes de Pierre ?

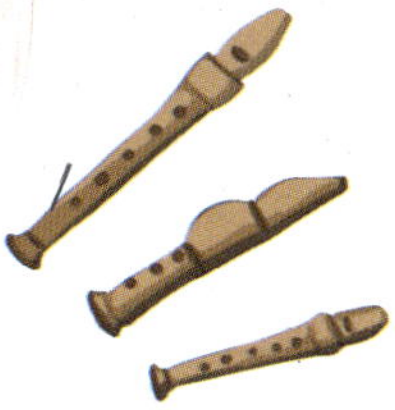

2 Comprendre les mots pour bien comprendre les phrases

- De qui, de quoi s'agit-il ? Pour chaque mot entouré ou encadré, **retrouvons** le dessin correspondant.

a. Il les rendait presque neufs.
b. Ils les adoraient.
c. Elles imitaient le chant des oiseaux.

 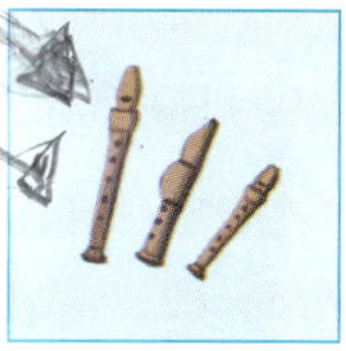  

- **Associons** chaque phrase précédente à l'une des phrases suivantes.

Il y a une phrase intruse !

1. Les enfants venaient de loin pour commander des flûtes à Pierre.
2. Les enfants adoraient les flûtes.
3. Pierre rendait les outils cassés et les meubles bancals presque neufs.
4. Les flûtes imitaient le chant des oiseaux.

Apprendre à écrire

autour	un enfant	faire : il fait / ils font

Étude du code

1. Observons les syllabes indiquées dans les mots suivants.

bouder * un bisou * du bois * C'est bancal. * un meuble

Observons la lettre et le son que l'on voit et que l'on entend toujours.

Maintenant, tu sais que :

[b]	b
un biberon 	b

2. Entraîne-toi à lire.

1. une boîte * un bonbon * un robot * une bûche * une biche * un ballon * un bouchon * un lavabo * C'est beau. * C'est bon.

On a collé deux consonnes.

2. un bras * une brioche * une brebis * un arbre * une broche * une bride * Elle broute. * Elle brûle. * un meuble * une fable * un tableau * une table * du sable * Il est brave.

3. Repérons la bonne lettre pour **retrouver** le nom de chaque dessin.

Ne confonds pas les lettres b, d et p !

❶ un bond
❷ un pont

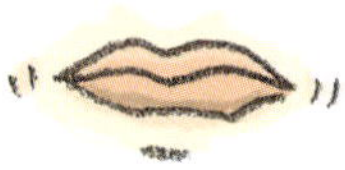

❶ une bouche
❷ une douche

❶ il boit
❷ il doit

❶ une boule
❷ une poule

4. Amuse-toi à **dire** le plus vite possible.

Au bain, beau bébé babouin boit bon biberon.

De la lecture vers l'écriture

1 Lire

Lisons la suite de l'histoire pour **répondre** aux questions.
Que va-t-il se passer ?
Pourquoi Pierre est-il le héros de cette histoire ? Que va-t-il lui arriver ?

…

Mais Pierre était surtout connu pour ses tonneaux. En effet, c'étaient les meilleurs de la région, les plus beaux et les plus robustes. Ils étaient fabriqués avec tant d'amour, de soin et de savoir-faire qu'ils donnaient un goût incomparable au vin.
Aussi venait-on de loin pour les lui commander.

…

À toi de **lire**.

- Cette histoire se passe dans le Grand Nord, en plein hiver.
- Tout le monde trouvait les tonneaux de Pierre très beaux et très robustes.
- Pierre fabriquait aussi des flûtes pour les enfants du village.

2 Choisir des mots pour écrire

Pierre / le menuisier	chante / raconte	une chanson
un homme / un garçon	berce / joue	des jouets
un enfant / un bébé	s'occupe / prépare	une flûte
une femme / la maman	taille / écoute	du feu / la soupe
		une histoire

Épisode 2 Pierre le menuisier

... Ce jour-là, Pierre termina
un de ses plus gros tonneaux.
Il pensait en tirer un bon prix
et avait hâte d'aller le livrer
au village voisin. Il le chargea
sur son traîneau, il attela les chiens
et se mit en route. Il faisait beau
et sec, le froid était piquant
et la balade promettait d'être belle.

Il venait à peine de quitter le village et il s'enfonçait
dans la forêt quand il entendit les loups.
Pierre lança ses chiens au grand galop.
Le vent et les branches fouettaient son visage.
Il tendit l'oreille : la meute était à ses trousses. ...

De l'écrit vers l'oral

1 Lire, comprendre et parler

Souvenons-nous du début de l'histoire et **observons** l'illustration de la p. 38.
De qui s'agit-il ? Que fait-il ?
Pourquoi regarde-t-il derrière lui ?

Lisons le texte de la p. 38, puis **répondons** aux questions.
Où va Pierre ? Pour quoi faire ?
Sa balade est-elle agréable ? Pourquoi ?
Est-ce que les loups sont nombreux ? Comment le sait-on ?

2 Comprendre les mots pour bien comprendre les phrases

Il le chargea

Dans le texte p. 38, **retrouvons** les expressions qui disent la même chose que :

a. Pierre met un tonneau sur son traîneau.

b. Pierre attache les chiens au traîneau. Il attela

c. Pierre ordonne aux chiens d'aller très vite. lança au grand galop

d. Un groupe de loups court après le traîneau de Pierre.

La meute était à ses trousses.

3 Construire des phrases

Relisons attentivement les deux textes de cet épisode (p. 38 et p. 41) et **terminons** les phrases suivantes.

a. Comme il fait beau...

b. Pierre lance ses chiens à toute allure...

c. Pierre ne peut pas faire demi-tour...

d. Pierre s'en veut d'avoir oublié son fusil...

Apprendre à écrire

soudain quand | un enfant une femme

Étude du code

1. Observons les syllabes indiquées dans les mots suivants.

une matinée * la journée * la nuit * Noël * un tonneau *
il donne * venir * les rennes * un menuisier * un traîneau

Observons la lettre et le son que l'on voit et que l'on entend toujours.

Maintenant, tu sais que :

[n]	n
la lune 	un renne 

La lettre **n** ne fait pas toujours le son [n]. Exemple : *un enfant…*

2. Relisons ensemble ces mots connus.

un enfant * dimanche * vendredi * lundi * maman * un cousin *
il demande * Il est grand. * la main * demain * maintenant

Maintenant, tu sais que :

la lettre n dans…

la lune  la maman  le ballon 

le lapin  le vent  un 1 la main 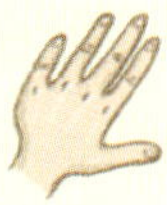

…

3. Lisons ensemble les mots suivants. Pour chacun, **dis** si tu entends [n].

ils ont * ils sont * il invite * Il dîne. * Il mange. * ils font *
une noix * une niche * un pont * la nature * une dinde *
une montre * un bouchon * une natte * un sapin * le vent *
une panne * un patin * un sapin * une bande * une banane

De la lecture vers l'écriture

1 Lire

Lisons la suite de l'histoire pour **répondre** aux questions.

Que pense Pierre en entendant les loups ?
Est-ce que les loups vont rattraper le traîneau ?

… « Ah ça !, pensa Pierre, pourquoi n'ai-je pas pris mon gros fusil ! »
Il maudit son imprudence.
Impossible de faire demi-tour sans se faire dévorer !
Les chiens aussi avaient senti le danger.
Ils redoublèrent d'efforts, mais le traîneau était lourd, les loups couraient vite et ils se rapprochaient toujours plus.

Alors Pierre eut vraiment peur.

…

À toi de **lire**.

- Il fait beau mais il fait froid car c'est l'hiver.
- Pierre est en colère car il a oublié son fusil.
- Les branches fouettent le visage de Pierre car il a lancé le traîneau à vive allure.

2 Choisir des mots pour écrire

le menuisier	entend / marche / a peur	le traîneau
une vieille femme	voit / aperçoit / court	la forêt
la meute	poursuit / se rapproche	les arbres
les loups	poursuivent / courent	le chemin
les chiens	se rapprochent / sentent	le danger

… Soudain, il aperçut une vieille femme sur le bord du chemin. Immédiatement, Pierre comprit que s'il ne s'arrêtait pas pour prendre cette petite vieille sur son traîneau, elle se ferait dévorer tout cru.

Sa frayeur était telle qu'il pensa d'abord : « Si je m'arrête maintenant, nous serons encore plus lourds, nous irons encore moins vite, les loups nous rattraperont ! Si je poursuis mon chemin sans m'arrêter, les loups se jetteront sur elle et ils cesseront de me poursuivre. Alors, je pourrai arriver jusqu'au village ! » …

De l'écrit vers l'oral

1 Lire, comprendre et parler

- **Souvenons-nous** du début de l'histoire et **observons** l'illustration de la p. 42.
  Quelle est la situation de Pierre ? Où est-il ? Que fait-il ?
  Qui rencontre-t-il sur le bord du chemin ? À votre avis, que va-t-il faire ?
- **Lisons** le texte de la p. 42, puis **répondons** à la question.
  Quelles questions se pose Pierre en voyant la vieille femme ?

2 Comprendre les mots pour bien comprendre les phrases

- Dans le texte p. 42, **retrouvons** les expressions qui disent la même chose que :
  a. Les loups risquent de manger la vieille femme.
  b. Les loups arrêteront de courir après Pierre.

3 Construire des phrases

- **Terminons** les phrases suivantes :
  à quelles conditions ces événements arriveront-ils ?
  a. Les loups rattraperont le traîneau **si**...
  b. Les loups se jetteront sur la vieille **si**...
  c. Pierre pourra arriver jusqu'au village **si**...
  d. Pierre ne pourra jamais oublier la vieille femme **si**...
- **Expliquons** ce qu'il risque de se passer dans les deux cas suivants.
  1. Si Pierre ne s'arrête pas...
  2. Si Pierre s'arrête...

Apprendre à écrire

soudain alors après | une femme un homme

Étude du code

1. Observons les syllabes indiquées dans les mots suivants.

vendredi * di**man**che * le **tem**ps * la **pen**dule * a**tten**dre * de**man**der * le **ven**t * la **cham**bre * **pren**dre * il **pen**sa * il **enten**dit * sep**tem**bre * no**vem**bre * dé**cem**bre * **jan**vier

Observons les lettres et le son que l'on voit et que l'on entend toujours.

Maintenant, tu sais que :

[ã]	an / am en / em
la maman 	le vent 
la chambre 	la température 

Devant P et B il faut se protéger!

2. Entraîne-toi à lire.

1. un panda * un moment * un banc * bancal * un divan * un plan * le champ * une dent * le ventre * un manteau * le menton * un enfant * Il chante une chanson. * Elle tremblait de tous ses membres.

! Les lettres an et am ne se prononcent pas toujours [ã] !

2. une banane * une année * un ami * un âne * un ânon * un amour * un animal * une dame * un fanon * la famine * un lama * une lame * un manuel * un ananas

Observe bien les mots ci-dessus.
*Quelles lettres vois-tu après le **n** ou le **m** ?* P/B

3. Amuse-toi à **dire** le plus vite possible.

Ta tante Antoinette t'attend dans ta tente.

De la lecture vers l'écriture

1 Lire

Lisons la suite de l'histoire pour **répondre** aux questions.
La vieille dame a-t-elle entendu les loups ? Comment réagit-elle ?
Que va faire Pierre ?

…

La petite vieille était maintenant tout près. En entendant du bruit, elle se retourna. Elle vit l'attelage et aperçut les loups. Paralysée par la peur, elle se mit à trembler de tous ses membres.

En voyant son visage, Pierre eut honte d'avoir hésité une minute. « Si je la laisse mourir dans la forêt, je ne pourrai jamais l'oublier. Je ne pourrai plus être fier de moi. »

…

À toi de **lire**.

- Pierre a très peur des loups et il hésite à s'arrêter.
- Si Pierre prend la vieille avec lui, le traîneau ira moins vite.
- Si Pierre laisse la vieille femme sur le chemin, les loups vont la dévorer.

2 Choisir des mots pour écrire

la vieille femme	entend / se retourne	le traîneau
l'homme	voit / aperçoit / regarde	l'attelage
la meute	tremble / se demande	le bruit / des cris
les loups	est effrayée	le chemin
les chiens		le danger / la peur

… Pierre n'écouta que son courage. Il ralentit les chiens, attrapa la vieille par la manche et la hissa à ses côtés. Elle comprit que Pierre venait de la sauver.

Pendant ce temps, les loups s'étaient encore rapprochés. On entendait maintenant leur souffle. Encouragés par la voix de leur maître, les chiens reprirent leur course, mais le poids supplémentaire les ralentissait. Le village n'était plus très loin et pourtant, Pierre et la petite vieille réalisèrent qu'ils ne l'atteindraient pas à temps. …

De l'écrit vers l'oral

❶ Écouter, comprendre et parler

- **Souvenons-nous** du début de l'histoire et **observons** l'illustration de la p. 46.
  Quelle est finalement la décision de Pierre ? Pouvions-nous nous en douter ?
  Quel est le nouveau problème des deux personnages ?
- **Lisons** le texte de la p. 46, puis **répondons** aux questions.
  Comment Pierre fait-il pour sauver la vieille femme ?
  Pourquoi Pierre et la vieille dame pensent-ils qu'ils n'atteindront pas le village ?

❷ Comprendre les mots pour bien comprendre les phrases

- Dans le texte p. 46, **retrouvons** les expressions qui disent la même chose que :
  a. Pierre fait grimper la vieille dame à côté de lui sur le traîneau.
  b. Pierre et la vieille dame comprennent qu'ils n'arriveront pas au village.
- **Relisons** les deux textes de cet épisode et **associons** chaque mot souligné à l'un des dessins ci-dessous.
  Qui fait quoi ? De qui, de quoi s'agit-il ?
  a. <u>Il</u> n'écoute que son courage et <u>il</u> ralentit les chiens.
  b. <u>Elle</u> comprend qu'<u>il</u> vient de <u>la</u> sauver.
  c. <u>Ils</u> réalisent qu'<u>ils</u> n'arriveront pas au village à temps.
  d. <u>Ils</u> se rapprochent encore.
  e. <u>Elle</u> voit le gros tonneau.
  f. « <u>Il</u> est bien gros, murmure-t-<u>elle</u>, sans <u>lui</u>, <u>on</u> irait plus vite ! »

❶ Pierre

❷ le tonneau

❸ la vieille dame

❹ les loups

❺ Pierre et la vieille dame

Apprendre à écrire

après pendant | un loup un chien

Étude du code

1. Observons les syllabes indiquées dans les mots suivants.

un sa**pin** * un voi**sin** * le ma**tin** * **main**tenant * de**main** *
le lende**main** * sou**dain** * C'est **im**possible. * a**ttein**dre

Observons les lettres et le son que l'on voit et que l'on entend toujours.

Maintenant, tu sais que :

[ɛ̃]	in / im / ein / ain
le lapin 	le timbre 
la peinture 	la main 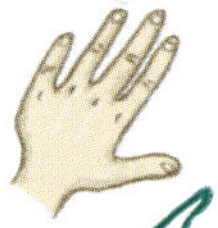

2. Entraîne-toi à lire.

du pain * du vin * la faim * une timbale * Il est vilain. *
le lointain * un marin * le bain * important * des freins *
le peintre * un patin * un pantin * un dauphin * un poulain *
un chemin * malin

! Les lettres in et im ne se prononcent pas toujours [ɛ̃] !

3. Lisons ensemble les mots suivants. Pour chacun, **dis** si tu entends [ɛ̃].

le matin / une matinée / Elle est matinale. *
un voisin / une voisine * un cousin / une cousine *
un marin / la marine * un chemin * un patin / Il patine. *
la fin / C'est fini. * un timide / la timidité / Il intimide. *
de la limonade

4. Amuse-toi à **dire** le plus vite possible.

Des pains blancs, des bancs peints,
des bancs blancs et des bains pleins.

De la lecture vers l'écriture

1 Lire

Lisons la suite de l'histoire pour **répondre** aux questions.
Les loups vont-ils rattraper l'attelage ?
Comment faire pour leur échapper ?
Pierre et la vieille dame vont-ils trouver une solution ?

… La vieille dame regarda autour d'elle et vit le gros tonneau à l'arrière :
– Il est bien gros, murmura-t-elle. Il doit être très lourd. Sans lui, on irait beaucoup plus vite !

« Mais bien sûr ! », pensa Pierre. Son tonneau était effectivement très lourd ! Il était également très solide ! Le plus solide de toute la région ! Il sourit : la vieille venait de lui donner une idée.

…

À toi de **lire**.

* Les loups courent plus vite que les chiens.
* La vieille dame a une idée en voyant le gros tonneau à l'arrière du traîneau.
* Les loups se rapprochent de plus en plus et ils menacent Pierre et la vieille dame.

2 Choisir des mots pour écrire

Pierre	regarde / file / glisse	à toute allure
la vieille		derrière eux
	regardent / accélèrent	la neige / la peur
les loups	se rapprochent	inquiet
les chiens	rattrapent / tirent	le traîneau

Épisode 5 Pierre le menuisier

… Pierre ralentit les chiens, tendit les rênes à la vieille et lui ordonna :

– Filez tout droit au village sans vous retourner. Avertissez les hommes. Dites-leur de prendre les fusils et de venir me chercher sur le chemin.

Puis, sans lui laisser le temps de protester, il détacha le tonneau et il grimpa dedans. Il se laissa rouler à terre en refermant soigneusement le couvercle. Aussitôt, l'attelage bondit en avant et fila comme le vent. …

De l'écrit vers l'oral

1 Lire, comprendre et parler

Souvenons-nous du début de l'histoire et **observons** l'illustration de la p. 50.
Que s'est-il passé ? Où est le tonneau ? Que font les loups ?

Lisons le texte de la p. 50, puis **répondons** aux questions.
Quelle était l'idée de la vieille dame ?
Pierre a-t-il eu exactement la même idée ?
Que fait-il ? Que se passe-t-il alors ?

2 Comprendre les mots pour bien comprendre les phrases

Dans le texte p. 50, **retrouvons** les expressions qui disent la même chose que :

a. La vieille dame doit aller chercher du secours au village.
b. La vieille femme doit faire ce que Pierre lui demande sans discuter.
c. L'attelage repart à toute allure.

3 Acquérir du vocabulaire

Classons ces mots et ces expressions dans la bonne liste.

- être paralysé par la peur, effrayé, enragé, apeuré, fou furieux, déchaîné, terrorisé, épouvanté, terrifié, angoissé, énervé…
- trembler de peur, grogner, montrer les crocs, paniquer, angoisser, gronder, serrer les dents…

Liste 1
la peur,
la frayeur,
la frousse,
…

Liste 2
la colère,
la rage,
la fureur,
…

Apprendre à écrire

parce que

un loup / <u>des</u> loups
un chien / <u>des</u> chiens

Étude du code

1. Observons les syllabes indiquées dans cette comptine.

Au zoo du coin, quel tintouin !
Le babouin fait du foin !
Le pingouin est toujours au coin !
Au loin, un marsouin cherche son shampoing
pour ses soins quotidiens !

Observons les lettres et le son que l'on voit et que l'on entend toujours.

Maintenant, tu sais que :

[wɛ̃]	oin / ouin
le coin 	le babouin 

2. Entraîne-toi à lire.

du foin * le poing * moins * une pointe * un point *
C'est pointu. * un rond-point * une pointure * un coin *
un témoin * le lointain * C'est loin. * un recoin * il a besoin

3. Repérons la bonne lettre pour **retrouver** le nom de chaque dessin.

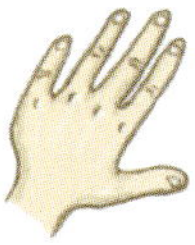

① une main
② moins

① un grain
② un groin

① du foin
② la faim

① un point
② du pain

4. Amuse-toi à **dire** le plus vite possible.

Point de pain dans le recoin,
point de coin dans le refrain.
Point de pain, un point c'est tout !

De la lecture vers l'écriture

1 Lire

Lisons la suite de l'histoire pour **répondre** aux questions.
Que vont faire les loups ? Vont-ils continuer à courir après le traîneau ?
Est-ce que le tonneau va être assez solide pour protéger Pierre ?

… Lorsque les loups arrivèrent au tonneau, ils arrêtèrent leur poursuite. Ils pouvaient sentir l'odeur de l'homme à l'intérieur, et ils avaient faim. Ils se jetèrent avec fureur sur le tonneau, essayant par tous les moyens de l'ouvrir.

Mais ils eurent beau grogner, gratter de leurs pattes, essayer de mordre le bois, de le faire rouler dans tous les sens : le tonneau résistait.
À l'intérieur, Pierre n'en menait pas large. …

À toi de **lire**.

- Pierre s'est caché dans le tonneau et s'est laissé tomber par terre.
- La vieille dame est partie chercher du secours au village.
- Les loups se jettent sur le tonneau et cherchent à l'ouvrir.

2 Choisir des mots pour écrire

Pierre	tremble de peur / panique / est paniqué / angoisse / est angoissé / est effrayé, terrorisé, terrifié / attend les secours
les loups	sentent / reniflent / tournent autour / grattent / grognent / grondent / montrent les crocs / sont affamés, enragés, excités, énervés

... De son côté, la vieille n'avait eu aucune difficulté à relancer la course des chiens. Sans Pierre et sans tonneau, l'attelage filait à toute allure. Elle arriva donc au village sans encombre.

Pierre entendit bientôt des coups de fusil. La vieille avait fait vite et les hommes du village venaient le délivrer. Effrayés par le bruit, les loups s'enfuirent dans la forêt et Pierre put enfin sortir de sa cachette. ...

De l'écrit vers l'oral

1 Lire, comprendre et parler

Observe l'illustration de la p. 54.
Que font les loups ? À ton avis, que se passe-t-il ?
Compare leur attitude avec celle de l'illustration de la p. 50.

Lisons le texte de la p. 54, puis **répondons** aux questions.
L'idée de Pierre était-elle une bonne idée ?
Pourquoi la vieille dame arrive-t-elle vite et sans problème au village ?
Pourquoi les loups s'enfuient-ils ?

2 Comprendre les mots pour bien comprendre les phrases

Dans le texte p. 54, **retrouvons** les expressions qui disent la même chose que :

a. La vieille dame a fait repartir les chiens très rapidement.
b. La vieille dame arrive au village sans problème.
c. Les loups ont très peur des coups de fusil.

Relisons la fin de l'histoire et **retrouvons** les mots cachés dans les phrases suivantes. **Écris**-les sur ton ardoise.

alors | car | quand

a. les loups entendent les coups de fusil, ils ont peur et ils s'enfuient.
b. Pierre est sauvé la vieille dame est allée chercher des secours.
c. Les loups sont partis, Pierre peut enfin sortir du tonneau.
d. Les villageois félicitent Pierre ils le retrouvent dans son tonneau.

Apprendre à écrire

parce que   alors   soudain   aussitôt

Étude du code

1. Observons les syllabes indiquées dans cette comptine.

Au premier rayon de soleil,
le soleil réveille une abeille,
l'abeille habille une chenille,
la chenille débarbouille une grenouille,
la grenouille maquille une petite fille,
la petite fille surveille le soleil.
Franchement, quelle pagaille !

Observons les lettres et le son que l'on voit et que l'on entend toujours.

Maintenant, tu sais que :

[j]	i / y / il / ill / ille
le panier 	le soleil 
un rayon 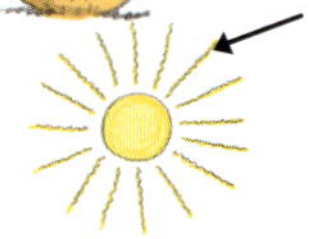	la paille 

2. Entraîne-toi à lire.

1. une maille * la paille * un rail * Il baille. * le travail * un maillot * un réveil * une abeille * une oreille * un orteil * un appareil * une nouille * la rouille * une fripouille * elle chatouille * une feuille * un fauteuil * un portefeuille

2. un lion * le chiot * la viande * un pion * un chien * un lien * le tien * le mien * la région * remercier * C'est bien. * le sien

3. une fille * une bille * Il brille. * une chenille * Il s'habille.
! **mais :** une ville * mille

De la lecture vers l'écriture

1 Lire

Lisons la fin de l'histoire pour **répondre** aux questions.
Que se passe-t-il quand Pierre sort du tonneau ? Comment les gens réagissent-ils ?

… La vieille était là, qui versait des larmes et ne savait plus que dire ni que faire pour le remercier. Les hommes criaient leur joie et félicitaient Pierre. Ils l'admiraient pour son courage et son intelligence.

Pierre était heureux d'avoir réussi à faire taire sa peur. Il se dit qu'il avait su, au bon moment, faire le bon choix.

Depuis, tous les hivers, on raconte cette histoire aux plus jeunes et chacun se demande ce qu'il aurait fait à la place de Pierre.

À toi de **lire**.

- Les loups s'enfuient dès qu'ils entendent les hommes du village qui arrivent.
- Pierre est content d'avoir sauvé la vieille dame.
- Les hommes du village sont heureux d'avoir fait fuir les loups.
- Les hommes sont heureux de retrouver Pierre à temps.

2 Choisir des mots pour écrire

Pierre
– Merci d'être venus si vite !
– Heureusement que vous arrivez !
– Vous m'avez sauvé la vie !

La vieille dame
– J'ai eu tellement peur pour toi !
– Comment te remercier ?
– Sans toi, les loups m'auraient dévorée !

Les hommes
– Bravo ! Vive Pierre ! Félicitations !
– Quel courage !
– Ouf ! On est arrivé à temps !

Étude de la langue

Comment choisir la bonne orthographe ?

1. Mots en « -il » ou en « -ille » ?

Retrouvons le petit mot que l'on doit utiliser avec ces noms.

… travail * … maille * … trouvaille * … vitrail * … paille * … faille * … grenouille * … fenouil * … rouille * … fille * … merveille * … sommeil * … orteil * … fauteuil * … feuille

Observons la fin de ces mots.
Repérons ceux qui sont féminins et ceux qui sont masculins.
Quelle règle peut-on en conclure ?

Écris sur ton ardoise les noms des dessins.

une méda…

le sole…

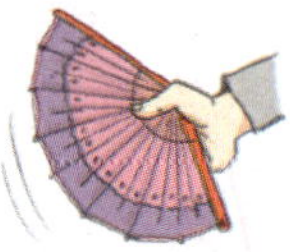
un éventa…

une grenou…

une abe…

un écureu…

une boute…

un vitra…

une nou…

une citrou…

2. Pronoms « il » ou « ils » ?

Dans les phrases suivantes, **remplace** le mot surligné par « il » ou « ils ».
Observe la fin du verbe.

– Pierre se cach**e** dans un tonneau.
– Les loups renifl**ent** l'odeur de Pierre.
– Les villageois accour**ent** pour délivrer Pierre.

Dans les phrases suivantes, comment doit-on **écrire** le verbe : « arrive » ou « arrivent » ?

– La petite vieille … saine et sauve au village.
– Les villageois … à temps pour délivrer Pierre.
– Pierre … à sortir du tonneau sans problème.

Les animaux du Grand Nord

Le loup

Le loup est un **mammifère**.
La **femelle**, la **louve**, allaite ses petits.
Les **petits** s'appellent les **louveteaux**.
Le **mâle** est plus grand et plus gros que la femelle.
Le loup appartient à la même famille que le chien ou le renard.
Sa mâchoire est très puissante.
Ses crocs peuvent mesurer jusqu'à 7 cm.
Il peut ainsi attraper une proie plus grosse que lui.

Comment le loup vit-il ?

Le loup vit et chasse en **meute**.
La meute est un groupe de deux à huit individus de la même famille. Elle est dirigée par un mâle et une femelle qu'on appelle le **couple dominant**.
Les **louveteaux** sont élevés ensemble par la meute pendant environ deux ans.

Comment le loup se reproduit-il ?

Le loup et la louve restent ensemble toute leur vie.
Dans la meute, seul le **couple dominant** se reproduit.
Tous les ans, la femelle cherche un abri sûr pour mettre bas une **portée de trois à six louveteaux**.
Elle va les allaiter pendant deux mois.

Que mange le loup ?

Le loup est un **carnivore** :
il mange principalement de la viande.
Il chasse tous les animaux, des gros et des petits, qui vivent autour de lui.
Au menu : rennes, renards, volailles, rongeurs, serpents...
Dans le Grand Nord, il mange parfois des saumons.

Comment le loup se déplace-t-il ?

Les loups se déplacent **à la queue leu leu**.
Dans la neige, on ne voit qu'une seule trace qui ne permet pas de savoir combien ils sont en réalité. Les loups peuvent parcourir des dizaines de kilomètres en une nuit pour trouver leur nourriture.

Étude du code

1. Observons les syllabes indiquées dans les mots suivants.

les Korrigans * un coussin * la colère * le cou * Il court. *
les crocs * qui * que * le couple * quand * pourquoi *
comment * combien * un côté * une cachette * le courage *
le couvercle

Observons les lettres que l'on voit et le son que l'on entend toujours.

Maintenant, tu sais que :

[k]	c / qu / k

un canard  une quille  un koala 

Les lettres **qu** et **k** font toujours le son [k], mais la lettre **c** ne fait pas toujours [k].
Exemples : *une cerise, le cheval…*

2. Entraîne-toi à lire.

un canard * il coupe * un crocodile * une quiche * un koala *
quatre * un kimono * quarante * un canari * Il coud. *
un carnivore * une crotte * une cravache * un crampon *
une quille * un crabe * un kilo * une corde * un cube *
une cravate * Il court. * le kayak * un cri * un okapi *
le carnaval * une claque * une cruche

3. Amuse-toi à **dire** le plus vite possible.

Quatre coqs coquets croquaient
quatre kilos de coquilles croquantes.

De l'écrit vers l'oral

1 Lire, comprendre et parler

Dans les textes documentaires des pp. 60-61, **retrouvons** les réponses aux questions suivantes.

– *Qu'est-ce qu'une meute ?*
– *Que savons-nous sur la naissance des louveteaux ?*
– *Comment et de quoi le loup se nourrit-il ?*
– *Comment et pourquoi le loup se déplace-t-il ?*

2 Acquérir du vocabulaire

- La **tête** :
  – des **oreilles** orientables ;
  – des **yeux** perçants pour repérer ses proies de loin ;
  – un **museau** allongé ;
  – une **gueule** avec 42 **dents** pour broyer les os et découper la chair.
- Un **cou** trapu.
- Un **pelage** épais et imperméable.

- Une **queue** longue et touffue.
- Des **pattes** avant avec 5 **doigts**.
- Des **pattes** arrière avec 4 **doigts**.

Apprendre à écrire

pourquoi comment	un mâle le cou une femelle	il court / ils courent

Étude du code

Rappel : la lettre **c** ne fait pas toujours le son [k].

1. Lisons ensemble les mots suivants.

- un couple * un carnivore * parcourir * Il court. * Il comprend. * encore * comment
- la chasse * le chien * la mâchoire * le chemin * Il cherche.
- une trace * un garçon * certain * parce que * Il est déçu.

Maintenant, tu sais que :

la lettre c dans…

un canard 

un citron 

un cheval 

un garçon 

…

2. Entraîne-toi à lire.

une carte * une ceinture * une cible * un clou * la cendre * un château * du cidre * une clôture * la colonie * un crâne * une culotte * une cave * un centime * un chamois * un cintre * une cloche * un cochon * un coup * un char * le cirque * un couloir * un cri * un cornichon * une chenille * une cartouche * un flacon * un abricot * Cocorico ! * une place * une louche * une balançoire * un maçon

! Devant -a, -o, -u, -l et -r, la lettre **c** se prononce [k].
Devant -h, la lettre **c** se prononce [ʃ].
Devant -e, -i et -y, la lettre **c** se prononce [s].

3. Parmi les mots précédents, **trouve** les réponses à ces devinettes.

?
- C'est le cri du coq : …
- On l'utilise pour servir la soupe : …
- Le roi Dagobert l'a mise à l'envers : …

De la lecture vers l'écriture

1 Lire

C'est étonnant !
Le savais-tu ?

À la **naissance**, les louveteaux sont totalement aveugles et sourds !

Pour mieux entendre, le loup peut orienter ses **oreilles** dans la direction des bruits. Il peut entendre un autre loup à 9 kilomètres !

Le loup marque son **territoire** en déposant tout autour son urine et ses crottes.

Les loups savent **communiquer** entre eux grâce à des cris différents. Ils hurlent, jappent, gémissent, grognent…
pour se faire comprendre, organiser la chasse ou prévenir d'un danger.

2 Choisir des mots pour écrire

Des noms

le loup / le mâle / la louve
la femelle / la mère
les louveteaux / la meute
le gibier / la viande
un renne
un rongeur / une carcasse

Des verbes

- **il / elle :** nourrit / joue / lèche lave /s'occupe / protège

- **ils :** jouent / chassent attaquent / dévorent / déchirent

Les animaux du Grand Nord

L'ours

L'ours est un **mammifère**.
L'**ourse** allaite ses petits **oursons**.
Le **mâle** est toujours plus grand et plus gros que la **femelle**. Les ours sont des animaux solitaires.
Deux grandes espèces d'ours vivent dans les pays du Grand Nord : l'**ours polaire** et le **grizzli**.

L'**ours polaire** vit uniquement sur la **banquise***. Son épaisse fourrure blanche lui permet de se camoufler sur la glace.

Le **grizzli** est un ours brun. Il vit dans les forêts des montagnes.

Comment les ours font-ils pour se déplacer ?

Les ours sont très agiles et ils savent se dresser sur leurs **pattes** arrière.
Ils peuvent aussi se déplacer très vite.
Le **grizzli** est capable de grimper aux arbres grâce à ses longues **griffes**.
L'**ours polaire** marche facilement sur la glace. C'est surtout un excellent nageur.
Il peut aller chasser en pleine mer, très loin de la banquise.

* **banquise :** épaisse couche de glace qui se forme aux pôles quand la mer gèle.

Comment les oursons commencent-ils leur vie ?

L'ourse a un ou deux petits tous les trois ans.
À la **naissance**, les **oursons** ne sont pas plus gros que des rats.
Les oursons viennent au monde pendant que l'ourse hiverne dans sa tanière.
Ils quittent leur mère vers trois ans, quand ils savent chasser et trouver un abri.

De quoi les ours se nourrissent-ils ?

Le **grizzli** est un **omnivore** : il mange aussi bien des plantes que de la viande. Il se nourrit de baies, de racines, de champignons, d'insectes qu'il trouve dans la forêt. Mais il aime aussi le poisson. Quand les saumons remontent les rivières, l'ours brun sait les attraper d'un coup de patte.

L'**ours polaire** est le plus grand **carnivore** terrestre. Il se nourrit principalement de phoques et de poissons. Il chasse aussi bien sur la glace que dans l'eau. La graisse du phoque lui permet de grossir très vite et de faire des réserves pour l'hiver.

Étude du code

Rappel : la lettre **c** fait parfois le son [s], mais elle n'est pas la seule !

1. Observons les syllabes indiquées dans les mots suivants.

un ours * une ourse * un ourson * solitaire * une espèce *
épaisse * la glace * foncée * ils savent * se déplacer *
la naissance * chasser * un poisson * un saumon * la graisse *
grossir * attention * une opération * une addition *
parce que * un serpent * une trace * savoir

Maintenant, tu sais que :

[s]	s / ss / c / ç / t + i

un serpent  un hérisson  un citron 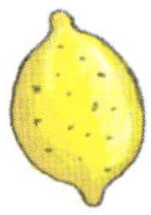

un garçon  Attention !

La lettre **s** ne fait pas toujours le son [s]. Exemples : *la banquise, un museau…*
Il est gros. – Il est gris…
les loups, les mâles, les petits…

2. Entraîne-toi à lire.

Il siffle. * Ils sont déçus. * le saucisson * une solution *
une potion * une soucoupe * le sport * un monstre * un limaçon *
elle souffle * la pharmacie * une balançoire * une citrouille *
la classe * un pharmacien * Cendrillon * un soulier * un sorcier *
le soleil * Il est assis. * une sardine * Il a soif.

3. Amuse-toi à **dire** le plus vite possible.

Si six souris sourient sans souci
de six chats,
les six chats chassent
les six souris sans souci.

De l'écrit vers l'oral

① Lire, comprendre et parler

- Dans les textes documentaires des pp. 66-67, **retrouvons** les réponses aux questions suivantes.
  - *Où trouve-t-on les ours blancs et bruns du Grand Nord ?*
  - *Que savons-nous sur la naissance des oursons ?*
  - *Que mangent les ours ?*
  - *Comment les ours se déplacent-ils ?*

② Acquérir du vocabulaire

- La **tête** est petite par rapport au **corps** :

– des petites **oreilles** rondes et une ouïe très fine ;

– des **yeux** tout noirs et une **vue** médiocre ;

– un **museau** allongé ;

– des **narines** noires et un odorat très développé.

- Les **pattes** sont puissantes pour se déplacer très vite.

Elles ont 5 **doigts** avec des coussinets bien marqués et des **griffes** non rétractiles.

Les pattes avant de l'ours polaire sont à moitié palmées pour mieux nager.

Apprendre à écrire

comment car	un mâle une femelle la tête / le corps	il court / ils courent il nage / ils nagent

Étude du code

Rappel : la lettre **s** ne fait pas toujours le son [s].

1. Lisons ensemble les mots suivants.

- un ourson * un saumon * ensemble * seul * sur * savoir * solitaire * un insecte * un poisson * chasser * dresser * puissant * aussi * aussitôt
- la banquise * le museau * grise * dangereuse * déposer
- gris * gros * épais * dans * un mois * parfois * les rennes * les saumons * les loups * les pattes * les griffes * les oreilles

Maintenant, tu sais que :

la lettre s dans…

un serpent  une rose  trois 

un hérisson  des loups 

Observons.

On entend [s] :
– en début de mot ;
– quand deux « s » se suivent ;
– quand la lettre **s** est à côté d'une autre consonne.

On entend [z] :
– quand la lettre **s** est entre deux voyelles.

En fin de mot, la lettre **s** :
– est souvent muette ;
– indique souvent un pluriel.

2. Entraîne-toi à lire.

un castor * le silence * une trousse * trois * des tartines * un blouson * une capsule * des ciseaux * des chats * la classe * un soldat * des oreilles * la musique * une liste * un oiseau * une case * une prison * des narines * une cascade * bonsoir * un sucre * un vase * il pose * un radis * une pastille * le plastique * le dentiste * une frimousse * la frousse * un arrosoir

De la lecture vers l'écriture

1 Lire

C'est étonnant ! Le savais-tu ?

Quand il est sous l'eau, l'ours polaire garde les yeux ouverts, mais il sait fermer ses **narines** pour retenir sa **respiration**.

La **fourrure** de l'ours polaire est deux fois plus épaisse que celle de l'ours brun ! Elle lui tient tellement chaud qu'il ne supporte pas les températures de plus de 10°.

Le grizzli marque son **territoire** en griffant profondément les troncs des arbres.

On l'appelle « grizzli » car le bout de ses poils est gris (*grizzle* signifie en anglais « perruque grise » !).

2 Choisir des mots pour écrire

Des noms

l'ours polaire / l'ourse / l'ourson
le grizzli / la banquise / la glace
la neige / la mer / la forêt / un arbre
la nourriture / une proie / un phoque
un poisson / un saumon

Des verbes

• **il :** plonge / nage
grimpe / cherche
se sauve / se dresse

La baleine

La **baleine** est le plus grand animal du monde et la **baleine bleue** est la plus grosse des baleines.
La baleine n'est pas un poisson mais un **mammifère** : elle doit remonter à la surface pour respirer et la **femelle** allaite son petit, le **baleineau**.
Il existe deux grandes familles de baleines : les **baleines à dents** comme le cachalot et les **baleines à fanons*** comme la baleine bleue ou la baleine à bosse.

Où vit la baleine ?

La baleine est une formidable **nageuse**. Elle passe des mers froides, où elle trouve une nourriture abondante, aux mers chaudes, où elle met au monde ses petits.

Comment la baleine respire-t-elle ?

Sur le dessus de sa tête, la baleine possède deux trous qu'on appelle les **évents**.
Quand elle plonge, les évents sont fermés par une sorte de bouchon.
Quand elle remonte à la surface, ils s'ouvrent automatiquement.
La baleine **souffle** pour vider l'air de ses poumons.
On peut alors voir un immense jet de vapeur d'eau.

* **fanons** : lamelles très dures et très serrées qui pendent de la mâchoire supérieure.

Comment les baleineaux commencent-ils leur vie ?

La baleine peut donner naissance à un **baleineau** tous les trois ans. Le petit naît sous l'eau et sa mère doit le porter jusqu'à la surface pour qu'il respire. Sinon, il se noie !
Chez la baleine bleue, il boit deux fois par jour environ 300 litres d'un lait très gras et très riche. Ainsi il grandit vite : il peut grossir de 90 kilos par jour !

Comment la baleine se nourrit-elle ?

L'alimentation préférée des **baleines à fanons** est le **krill**.
Le krill est formé de milliards de minuscules crevettes agglutinées.
La baleine ouvre grand sa bouche.
Elle attrape ainsi le krill et une grande quantité d'eau.
Puis, avec sa langue, elle rejette l'eau. Les **fanons** servent de passoire et retiennent alors la nourriture.

Étude du code

Rappel : la lettre **s** fait parfois le son [z], mais elle n'est pas la seule !

1. Observons les syllabes indiquées dans les mots suivants.

le grizzli * déposer * une dizaine * onze * organiser * plusieurs * zéro * douze * quinze * un menuisier * le fusil * quatorze * Zéphirin * seize * le visage * un cousin

Maintenant, tu sais que :

[z]	s / z
une rose 	un zèbre 

La lettre **z** ne fait pas toujours le son [z]. Exemple : *Vous dormez…*

2. Entraîne-toi à lire.

C'est bizarre. * un bazar * une cerise * une framboise * une valise * un zoo * une zone * il pose * un bisou * Il bronze. * une ardoise * une cuisine * une visite * Elle zozote. * un musicien * le poison * l'horizon * une prise * il propose * une case * une phrase * une toise * il divise * la toison * Il moisit. * C'est visible. * du raisin * un dinosaure * une blouse

3. Amuse-toi à **dire** le plus vite possible.

Seize roses sèchent
dans seize sachets secs
sur seize chaises sèches.

De l'écrit vers l'oral

1 Lire, comprendre et parler

Dans les textes documentaires des pp. 72-73, **retrouvons** les réponses aux questions suivantes.

– *La baleine est-elle un poisson ?*
– *Qu'est-ce que le souffle de la baleine ?*
– *Où naissent les petits de la baleine ?*
– *Que mangent les baleines ?*

2 Acquérir du vocabulaire

- Une **tête** immense :

– deux **évents** à la place des narines ;

– des **oreilles** invisibles mais une ouïe excellente ;

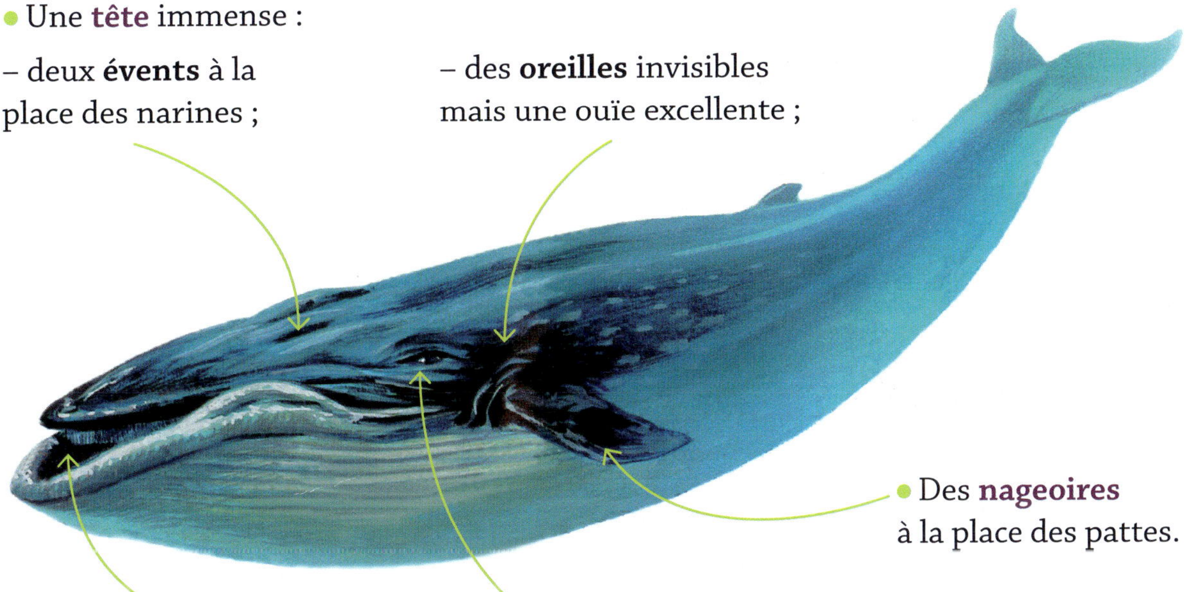

- Des **nageoires** à la place des pattes.

– une **bouche** géante avec 300 fanons et une énorme langue ;

– des **yeux** pour voir dans et hors de l'eau.

Apprendre à écrire

car	la tête / le corps	elle nage / elles nagent
comme	la nageoire	elle respire / elles respirent
	la queue	

Étude du code

Rappel : la lettre **z** ne fait pas toujours le son [z].

1. Lisons ensemble les mots suivants.

- un grizzli * une dizaine * onze * douze * treize * quatorze
- vous demandez * vous donnez * vous cherchez * vous arrivez

et aussi : le nez * chez

- du riz

Maintenant, tu sais que :

la lettre z dans…

un zèbre  un nez  du riz 

Vous dormez ? 

2. Entraîne-toi à lire.

une zone * Zorro * Zut ! * Il zozote. * le nez * C'est horizontal. * quinze * Vous dansez. * le rez-de-chaussée * vous trouvez * vous croquez * zéro * Vous travaillez. * Vous bâillez. * Vous aspirez.

3. Écris sur ton ardoise le mot juste.

Exemple : dormir → vous dormez

passer → vous …

mentir → vous …

arracher → vous …

placer → vous …

De la lecture vers l'écriture

1 Lire

C'est étonnant ! Le savais-tu ?

La baleine bleue est championne du monde toutes catégories !

Elle peut atteindre la **longueur** de 3 autobus ! À elle seule, sa tête est aussi grande qu'un autobus !

Elle peut peser jusqu'à 170 tonnes, le **poids** de 25 éléphants ! Son cœur est aussi gros qu'une petite voiture !

À la **naissance**, le baleineau mesure environ 6 mètres et pèse 7 tonnes. C'est le poids d'un éléphant adulte.

Quand **elle souffle**, le jet peut monter jusqu'à 10 mètres de haut : la hauteur d'un immeuble de 4 étages !

2 Choisir des mots pour écrire

Des noms

la baleine / le baleineau
la mère / la mer / l'océan
l'air / l'eau / la profondeur
la surface / le krill

Des verbes

- **elle / il :** nage / plonge
remonte / porte / mange
nourrit / engloutit / engouffre
sort / saute / bondit / souffle
recrache / respire

Le renne

Le **renne** est un **mammifère**.
Le petit s'appelle le **faon**.
Le mâle est plus grand et plus gros que la femelle.
Les femelles et les jeunes vivent en groupe de plusieurs centaines d'animaux.
Les mâles adultes vivent seuls ou en petits groupes.
Chez les rennes, les mâles et les femelles portent des **bois**. Au contraire des cornes, les bois se renouvellent tous les ans.
Leur **pelage** brun et gris forme une véritable fourrure faite de longs **poils** et d'un épais **duvet** de laine.
Les seuls ennemis du renne sont les loups et les grizzlis.

Comment le renne se déplace-t-il ?

Le renne est un grand voyageur : il peut parcourir des milliers de kilomètres.
Ses pattes sont terminées par de larges **sabots**, formés de **corne** et de **coussinets**.
L'hiver, la corne du sabot se durcit et sert de crampon sur la glace.
L'été, les coussinets se développent pour faciliter la marche dans la boue.

Comment le renne se nourrit-il ?

Le renne se nourrit d'herbes, de buissons, d'écorces, de mousses et de lichens*. C'est un **herbivore**. Ses larges **sabots** lui servent de pelles pour trouver sa nourriture sous la neige ou de palmes pour traverser les rivières. Il doit parfois parcourir de longues distances et il est capable de traverser des fleuves à la nage.

* **lichen** : végétal qui pousse sur les troncs d'arbres et sur les rochers et qui résiste à des températures très froides.

Comment le petit faon grandit-il ?

La mère donne naissance à un **faon** par an. Les faons naissent au printemps, mais dans les régions polaires, il fait encore très froid. La mère doit lécher son petit pour que ses poils ne gèlent pas ! Le petit grandit très vite. Au bout de trois jours, il est capable de suivre le troupeau !

Étude du code

Révisions

1. Observons l'orthographe des mots suivants.

une boisson * un buisson * il aspire * un castor * une crosse * un astronome * un brassard * le plastique * une brosse * une pastille * la poste * une crevasse * un casque une brasserie * embrasser * un astre * Il respire. * Il transpire. * une classe * un instant

Quel est le son que l'on entend toujours ?
*Quand met-on un « **s** » et quand met-on deux « **s** » ?*

> **Fais attention !**
> En milieu de mot, pour faire le son [s] :
> – entre deux voyelles, il faut **deux « s »** ;
> – à côté d'une consonne, **un seul « s »** suffit.

2. Lisons ensemble les mots suivants. Pour chacun, **dis** si tu entends [s] ou [z].

une liste * du poison * une chose * une piste * l'espoir * une statue * un artiste * bonsoir * ensuite * un rasoir * un poisson * un bisou * un insecte * une prise * une toison * une astuce * une rose * une pause * la respiration * une crise * la poste

*Dans quel cas la lettre **s** fait-elle le son [s] ?*
*Dans quel cas la lettre **s** fait-elle le son [z] ?*

> **Fais attention !**
> – Entre deux voyelles, la lettre **s** fait le son [z].
> – À côté d'une consonne, la lettre **s** fait le son [s].

3. Parmi les mots précédents, **trouve** les réponses à ces devinettes.

> **?**
> • Il vit dans l'eau et on le mange : le … .
> • Si on enlève une lettre à son nom, ça devient du … .

De l'écrit vers l'oral

1 Lire, comprendre et parler

Dans les textes documentaires des pp. 78-79, **retrouvons** les réponses aux questions suivantes.

- *Pourquoi le renne a-t-il de drôles de sabots ?*
- *Comment le faon commence-t-il sa vie ?*
- *Que mangent les rennes ?*

2 Acquérir du vocabulaire

- Les **bois** du renne sont de plus en plus grands chaque année. Ils permettent de savoir l'âge de l'animal.
- Sa **fourrure** est formée de deux couches : des longs **poils** sur un épais **duvet de laine**. Son **pelage** est gris-brun.

- Il a 4 **pattes** longues et fines terminées par des **sabots** très larges et très longs.

Apprendre à écrire

parce que	le sabot la corne la queue	il mange / ils mangent il respire / ils respirent

Étude du code

Révisions

1. **Lis** la question et **écris** la réponse sur ton ardoise.

stade	magasin	cinéma	zoo	musée	piscine

Où dois-je me rendre si je veux…

1. … aller nager avec mes amis ?
2. … voir un film ou un dessin animé ?
3. … admirer des tableaux ou des sculptures ?
4. … faire des courses ou acheter des vêtements ?
5. … observer de près des animaux ?
6. … faire du sport ou voir un match ?

2. **Classe** chaque mot dans la bonne colonne.

[s]	[z]

3. **Écris** sur ton ardoise le mot qui correspond à chaque dessin.

❶ le désert
❷ un dessert

❶ un cousin
❷ le coussin

❶ viser
❷ visser

❶ une base
❷ basse

❶ il crise
❷ il crisse

❶ il casse
❷ une case

De la lecture vers l'écriture

1 Lire

C'est étonnant ! Le savais-tu ?

Froid, lui ? Jamais !

Les **poils** du renne sont creux comme des tubes. L'air qu'ils contiennent isole son corps du froid. En plus, la **digestion** du **lichen** produit de la chaleur qui réchauffe l'animal de l'intérieur.

Une carte d'identité pour chaque renne !

Chaque renne a des **bois** bien particuliers. La forme générale est différente d'un renne à l'autre. C'est une vraie couronne, unique et personnelle !

Alors, c'est quand la naissance ?

La **mère** peut arrêter le développement du petit dans son **ventre** pendant deux mois si elle ne trouve pas assez de nourriture pour eux deux. Au moment de la naissance, elle peut encore retarder de quelques jours la sortie du **faon** pour attendre le beau temps.

2 Choisir des mots pour écrire

Des noms

le renne
le faon / le troupeau
la rivière / le fleuve
l'eau

Des verbes

- **il** : court / suit / traverse / rattrape part / se déplace
- **ils** : courent / suivent / traversent rattrapent / partent / se déplacent

Étude de la langue

Féminin ou masculin ? Singulier ou pluriel ?

1. **Observe** bien l'orthographe de ces noms et **dis** quel petit mot on peut mettre devant : « un », « une » ou « des » ?

loups * renard * baleines * rennes * … ours *
… ourse * … chien * … chiennes * … oursons bruns *
… baleine bleue * … louve grise * … animal marin *
… crevettes minuscules

2. **Associe** l'étiquette-adjectif qui convient à chaque nom.

malins | intelligentes | curieuse | rusé

un renard …

des rennes …

des louves …

une chienne …

3. En utilisant un mot dans chaque colonne, **reconstruis** des expressions et **écris**-les sur ton cahier.

le / un	tanières	profond
la / une	banquise	profondes
les / des	abri	froids
	océans	froide

8

Les aventures d'Ulysse

Texte de **Roland Fuentès** (d'après **Homère**)
Illustrations de **Éric Puybaret**

Le cheval de Troie 1

Depuis dix longues années, les Grecs faisaient la guerre aux Troyens. Dans les deux camps, des milliers d'hommes étaient tombés, mais la ville de Troie résistait toujours.

Chaque soir, Agamemnon, le roi des Grecs, regardait les murailles gigantesques, et il soupirait :
– Ô dieux, comment pénétrer dans cette ville ?

Les autres chefs grecs avaient perdu espoir.
– Cette ville est imprenable, disaient-ils.
Partons, retournons en Grèce. Nos femmes et nos enfants nous attendent depuis si longtemps déjà !

Or un jour, Ulysse vint trouver Agamemnon.
Ulysse venait d'une petite île grecque nommée Ithaque.
C'était l'un des meilleurs guerriers, doué d'une intelligence peu commune. Un large sourire ornait son visage.

– Écoute, grand roi. J'ai un plan.
Agamemnon ouvrit des yeux étonnés.
– Si nous ne pouvons vaincre par la force, nous vaincrons par la ruse, expliqua Ulysse.
Et il exposa son plan.

Étude du code

1. Observons les syllabes indiquées dans les mots suivants.

la tête * la fête * un mammifère * le duvet * un coussinet * la baleine * la mère * il fait * il soupirait * la Grèce * les Grecs * j'ai * c'était * il venait * il exposa * mais * le chef

Maintenant, tu sais que :

[ɛ]			
ê	la fête 	ei	la neige 
è	une pièce 	ai	la maison 
e	un escargot 	et	un paquet 

2. Entraîne-toi à lire.

la fête * la tête * une vipère * un trèfle * une aile * du lait * une pêche * une reine * un chalet * C'est vrai. * un poulet * une pièce de monnaie * une traîne * une perle * l'espoir * presque * des crêpes * de l'herbe * treize * un carnet * une fraise * seize * le frère * une sorcière * la colère * la forêt

3. Parmi les mots précédents, **trouve** les réponses à ces devinettes.

- On peut les manger avec du sucre, de la confiture ou du chocolat : ... crêpe
- C'est un fruit à noyau que l'on mange en été : ... pêche

4. Amuse-toi à **dire** le plus vite possible.

Mon père est maire, mon frère est masseur.
Ma sœur est marraine, ma reine est ma mère.

De l'écrit vers l'oral

1 Lire, comprendre et parler

- **Observons** l'illustration pp. 86-87 et **écoutons** le début de ce récit légendaire.
  Quand et où se passe cette histoire ?
  Quels sont les personnages principaux ? Que font-ils ?
- **Lisons** la suite du récit p. 87 pour **répondre** aux questions.
  Vont-ils pénétrer dans cette ville ? Comment ?

2 Comprendre les mots pour bien comprendre les phrases

- Dans les phrases suivantes, **précise** de qui il s'agit.

les Troyens | les Grecs

a. Ils vivent dans la ville de Troie.

b. Leur roi s'appelle Agamemnon.

c. Ils se font la guerre depuis longtemps.

d. Ils n'arrivent pas à franchir les murailles de la ville de Troie.

e. Leur ville est protégée par une grande muraille imprenable.

3 Construire des phrases

- En utilisant à chaque fois les deux phrases bleues et l'un des petits mots de liaison jaunes, **fabrique** des phrases justes.

Nous ne pouvons pas vaincre par la force.

Nous devons vaincre par la ruse.

alors | comme | puisque | car | parce que

Apprendre à écrire

un jour / un matin
un soir / la nuit

grand / grande
petit / petite

Étude du code

1. Lisons ensemble ces mots suivants.

e

-elle
une pelle
une selle
une chapelle
une femelle

-enne
un ennemi
une antenne
un renne
une benne

-esse
une tresse
une maîtresse
les fesses
une promesse

-erre
la Terre
un verre
Pierre
la guerre

-ette
la toilette
une cachette
une clochette
la dînette

Devant une double consonne, la lettre **e** fait le son [ɛ].

2. Entraîne-toi à lire.

la poubelle * des chaussettes * de la ficelle * une caresse *
elle rejette * il dresse * une mouette * ils viennent * il serre *
une voyelle * une maquette * une adresse * il guette *
une nouvelle * de la vaisselle * une crevette * une pirouette *
une demoiselle * une serviette * Il se redresse.

3. Amuse-toi à **dire** le plus vite possible.

Un squelette fait des galipettes sur la moquette en jouant des castagnettes.

De la lecture vers l'écriture

1 Lire

Pour en savoir plus…

Pourquoi les Grecs faisaient-ils la guerre aux Troyens ?

Cette guerre entre les Grecs et les Troyens a été racontée dans un grand récit légendaire : *L'Iliade*. On ne sait pas ce qui est vraiment arrivé en réalité. La légende raconte que Pâris, un prince troyen, avait enlevé Hélène, la femme du roi grec Ménélas. Tous les rois de Grèce se sont alors unis pour la ramener et se venger. Ils ont déclaré la guerre aux Troyens.

Qui est Ulysse ?

Ulysse est le roi d'Ithaque, une petite île grecque. C'est un homme droit, courageux et rusé. C'est aussi un très bon guerrier. Quand la guerre de Troie éclate, Ulysse part combattre au côté du roi grec Agamemnon. Son absence va durer plus de dix ans. Sa femme Pénélope et son fils Télémaque vont l'attendre tout ce temps.

2 Choisir des mots pour écrire

Des noms

un chef / une réunion
un plan / une ruse

les rois grecs

Des verbes

- **il :** expose / explique
- **ils :** se réunissent / écoutent discutent / réfléchissent

Le cheval de Troie 2

Lorsque le jour se leva, les Troyens découvrirent sur le rivage le camp abandonné de leurs ennemis.
Au milieu du camp, se dressait un immense cheval de bois.

– Les Grecs sont repartis ! s'écrièrent les guetteurs.
Voyez, ils ont laissé ce cheval gigantesque en cadeau pour leurs dieux.

Sur la mer, en effet, les bateaux grecs s'éloignaient.
Ils devenaient plus petits que les mouettes à l'horizon.
Rassurés, les Troyens se précipitèrent vers le camp déserté et firent entrer le cheval dans la ville de Troie...
Ils décidèrent de le garder en souvenir de la victoire.

– Cette chose nous portera malheur ! avertit Cassandre.
Mais personne ne l'écouta. Cassandre avait le don de prédire l'avenir. Cependant, à cause du sort que lui avait jeté le dieu Apollon, personne ne la croyait jamais.

Une grande fête fut organisée en l'honneur de la victoire.
On dansa et on chanta une partie de la nuit.

Étude du code

1. Observons les syllabes indiquées dans les mots suivants.

une idée * une année * des milliers * déjà * elle écoute *
ils découvrirent * abandonné * chez * voyez * entrer *
ils ont laissé * vous pouvez * s'éloigner * rassurés * prédire

Maintenant, tu sais que :

[e]	é / er / ez

une école

un clocher

Vous dormez ?

2. Entraîne-toi à lire.

de la fumée * le téléphone * un dîner * un rocher * le nez * un dé
un hérisson * un numéro * un éléphant * une fée * le boucher *
le boulanger * l'épicier * un métier * un vélo * le marché *
la télévision * une réponse * un clocher * un canapé * sauter

chanter ➜ vous chantez ➜ il a chanté
danser ➜ vous dansez ➜ il a dansé
marcher ➜ vous marchez ➜ il a marché
voler ➜ vous volez ➜ il a volé

3. Amuse-toi à **dire** le plus vite possible.

L'évadé du Névada a dévalé la vallée
pour s'évader sur un vélo volé à un valet.
Le valet volé a vu détaler l'évadé sur son vélo volé.

De l'écrit vers l'oral

1 Lire, comprendre et parler

- **Observons** l'illustration pp. 92-93 et **souvenons-nous** du début du récit.
  Quelle peut être l'idée d'Ulysse ?
- **Écoutons** la suite du récit.
  Que s'est-il passé dans la nuit ? Qu'ont fait les Grecs ?
- **Lisons** la suite du récit p. 93 pour **répondre** aux questions.
  Quel est le plan d'Ulysse ? Que vont faire les Troyens de ce cheval ?

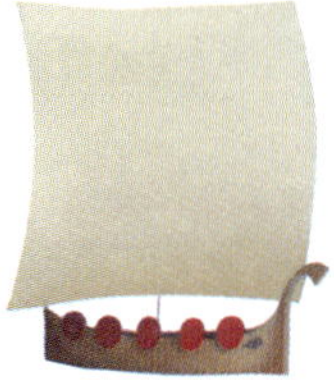

2 Comprendre les mots pour bien comprendre les phrases

- Dans le texte pp. 92-93, **retrouvons** les mots « ennemis », « guetteurs » et « chose ».
  De qui, de quoi s'agit-il ?
- En utilisant à chaque fois deux étiquettes bleues et une étiquette rose, **construisons** deux phrases différentes mais qui veulent dire la même chose.

les Grecs	ont abandonné a été abandonné par	le camp
les Grecs	ont laissé a été laissé par	un cheval gigantesque
les Troyens	organisent est organisée par	une grande fête

Apprendre à écrire

un soir / la nuit la danse / le chant	grand / grande petit / petite	danser chanter

Étude du code

1. Observons les accents dans les mots suivants.

Une année * la ville résistait * la Grèce * écouter * les guetteurs s'écrièrent * Les bateaux s'éloignaient. * Les Troyens se précipitèrent. * Ils organisèrent une fête.

Fais bien attention aux accents.

é = [e] — une école 

è ou ê = [ɛ] — une pièce  — la fête 

2. Entraîne-toi à lire.

une rivière * une poussière * l'été * du café * un rêve * un dé * un trèfle * une poupée * une mèche * une épée * une vipère * le même * la première * la dernière * un élève * une pêche * un téléphone * du crépon * une étoile * une écharpe * la clé * la vérité * un récif * la crème * une chèvre * une dictée * un trésor * une cité * une pédale * une vallée * une fenêtre

3. Parmi les mots précédents, **trouve** les réponses à ces devinettes.

- C'est une boisson que l'on boit au petit déjeuner ou après les repas : du café
- Elle permet d'ouvrir la porte : la clé
- Celle de monsieur Seguin s'est enfuie dans la montagne et s'est fait manger par le loup : la chèvre

4. Amuse-toi à **dire** le plus vite possible.

Un élève bien élevé doit savoir lécher une pêche rêche et sèche sans baver.

De la lecture vers l'écriture

1 Lire

Pour en savoir plus…

Qui sont les dieux des Grecs et des Troyens ?

Les Grecs comme les Troyens adorent plusieurs dieux et déesses. Ils leur offrent régulièrement des cadeaux : Poséidon est le dieu de la mer ; Éole est le dieu du vent ; Apollon est le dieu de la lumière et de la musique ; Athéna est la déesse de l'intelligence ; Zeus est le dieu de tous les dieux.

Qui est Cassandre ?

Cassandre est la sœur de Pâris. C'est une princesse troyenne d'une très grande beauté. Le dieu Apollon tombe amoureux d'elle. Pour la séduire, il lui apprend à prévoir l'avenir. Mais Cassandre le rejette. Alors, pour se venger, Apollon lui jette un sort : personne ne la croira jamais plus, même quand elle dira la vérité !

2 Choisir des mots pour écrire

Des noms

Cassandre
un malheur / un piège / la fête

les Troyens

Des verbes

- **elle :** annonce / prédit / informe
- **ils :** s'étonnent / s'interrogent
se réjouissent / transportent
emmènent / rapportent

Le cheval de Troie 3

Épuisés mais heureux, les Troyens s'endormirent.
Alors, des guerriers grecs, cachés à l'intérieur du cheval, sortirent en silence. À leur tête : Ulysse.
Ils ouvrirent les portes de la ville à leurs camarades, qui avaient profité de l'obscurité pour revenir sur le rivage.

L'effet de surprise fut total. Les Troyens, réveillés en sursaut, n'eurent pas le temps de saisir leurs armes. Ulysse et ses compagnons, aidés par l'armée d'Agamemnon, les maîtrisèrent sans difficulté. En quelques instants, la ville de Troie, qui avait résisté si longtemps, tomba entre leurs mains.

– Brave Ulysse ! s'écria Agamemnon. Grâce à ta ruse, nous avons vaincu.

Ulysse souriait. Pour la victoire bien sûr, mais aussi parce qu'il allait enfin rentrer chez lui, à Ithaque. Bientôt, il reverrait sa femme Pénélope et son fils Télémaque. À cette pensée, son cœur se gonflait de joie.

Étude du code

1. Observons les syllabes indiquées dans les mots suivants.

un **che**val * un **re**nard * **reve**nir * **deve**nir * quel**que** * **je** *
sa**me**di * mer**cre**di * ven**dre**di * **de** * **pe**tit * **re**voir
ma **sœur** * la **peur** * l'inté**rieur** * l'exté**rieur**
heureux * un **peu** * il **veu**t * il **peu**t * **deu**x * **jeu**di * les **dieu**x

Maintenant, tu sais que :

[ə] [œ]		[ø]	
e	le renard 		
eu	la fleur 	eu	le feu 
œu	un œuf 	œu	un nœud 

2. Entraîne-toi à lire.

petit * une heure * le bonheur * Elle est heureuse. * le malheur *
Il est malheureux. * Elle est malheureuse. * C'est neuf. * un cœur *
Il est vieux. * la queue * un creux * un pneu * les cheveux *
Il est amoureux. * Elle est amoureuse. * un demi * une fleur *
une horreur * demain * un œuf * des œufs * un bœuf * des bœufs

3. Parmi les mots précédents, **trouve** les réponses à ces devinettes.

?
- Le coiffeur peut les laver, les couper et les sécher : …
- On peut le manger dur, sur le plat, à la coque, en omelette : …

4. Amuse-toi à **dire** le plus vite possible.

Neuf poules sur un bœuf
pondent neuf œufs tout neufs.

De l'écrit vers l'oral

1 Lire, comprendre et parler

- **Observons** l'illustration pp. 98-99 et **souvenons-nous** du début du récit.
  Que font les Troyens ? Pourquoi ?
- **Lisons** le texte pp. 98-99 pour **répondre** aux questions.
  Cassandre avait-elle raison ?
  Ce cheval va-t-il porter malheur aux Troyens ?
  Fait-il partie du plan d'Ulysse ?

2 Comprendre les mots pour bien comprendre les phrases

- Dans les phrases suivantes, **précise** de qui il s'agit.

Ulysse et ses compagnons

les autres Grecs

les Troyens

a. Ils rapportèrent le cheval dans leur ville.
b. On dansa et chanta une partie de la nuit.
c. Ils s'endormirent épuisés mais heureux.
d. Cachés à l'intérieur du cheval, ils sortirent en silence.
e. Ils ouvrirent les portes de la ville à leurs camarades qui étaient revenus.

Apprendre à écrire

alors / quand	la danse	danser
puis	le chant	chanter
nous / vous		il est / ils sont

Étude du code

Révisions : La lettre **e** est la plus fréquente de notre langue.

1. Rappelons-nous le son qu'elle transcrit dans les mots suivants.

un petit renard * la peur * le feu * un nœud
une pelle * la terre * le renne * une tresse * une fillette
la neige * un escargot * le vent * la peinture
travailler * Vous travaillez.

2. En fin de mot, la lettre **e** permet aussi de **marquer le féminin.**

un nuage gris	→	une poussière grise
un grand jardin	→	une grande maison
un trou profond	→	une grotte profonde
un homme géant	→	une femme géante

gris	→	grise	grand	→	grande
petit	→	petite	laid	→	laide
gros	→	grosse	court	→	courte
gras	→	grasse	plat	→	plate

3. Observons bien l'orthographe des mots suivants : une seule lettre peut tout changer !

Exemple : Le chanteur va chanter.

Sur ton ardoise, **écris** le mot qui manque.

a. Le **…** va danser.

b. Le joueur va **…** .

c. Le voleur va **…** .

d. Le **…** va coiffer.

e. Le **…** va skier.

De la lecture vers l'écriture

1 Lire

Pour en savoir plus...

Quel est ce cheval de Troie ?

Pour vaincre les Troyens,
Ulysse a l'idée de construire
un cheval de bois, immense
et creux, et de se cacher
à l'intérieur avec de nombreux
guerriers grecs.
Il ordonne qu'on laisse
le cheval sur le rivage.
Ulysse pensait bien que
les Troyens feraient entrer
ce « cadeau » dans la ville...

Comment se termine la guerre de Troie ?

Après l'épisode du cheval de Troie,
les Grecs sont vainqueurs.
Les Troyens sont presque tous tués. La ville est brûlée.
Cassandre est faite prisonnière. Le roi des Grecs,
Agamemnon, la ramène dans son royaume.
Hélène retrouve son mari et rentre avec lui en Grèce.

2 Choisir des mots pour écrire

Des noms

les Grecs / les Troyens
les soldats / les guerriers
la ville / la muraille / la porte

Des verbes

• **ils** : dorment / ouvrent
entrent / sortent
reviennent / attaquent

Le cyclope 1

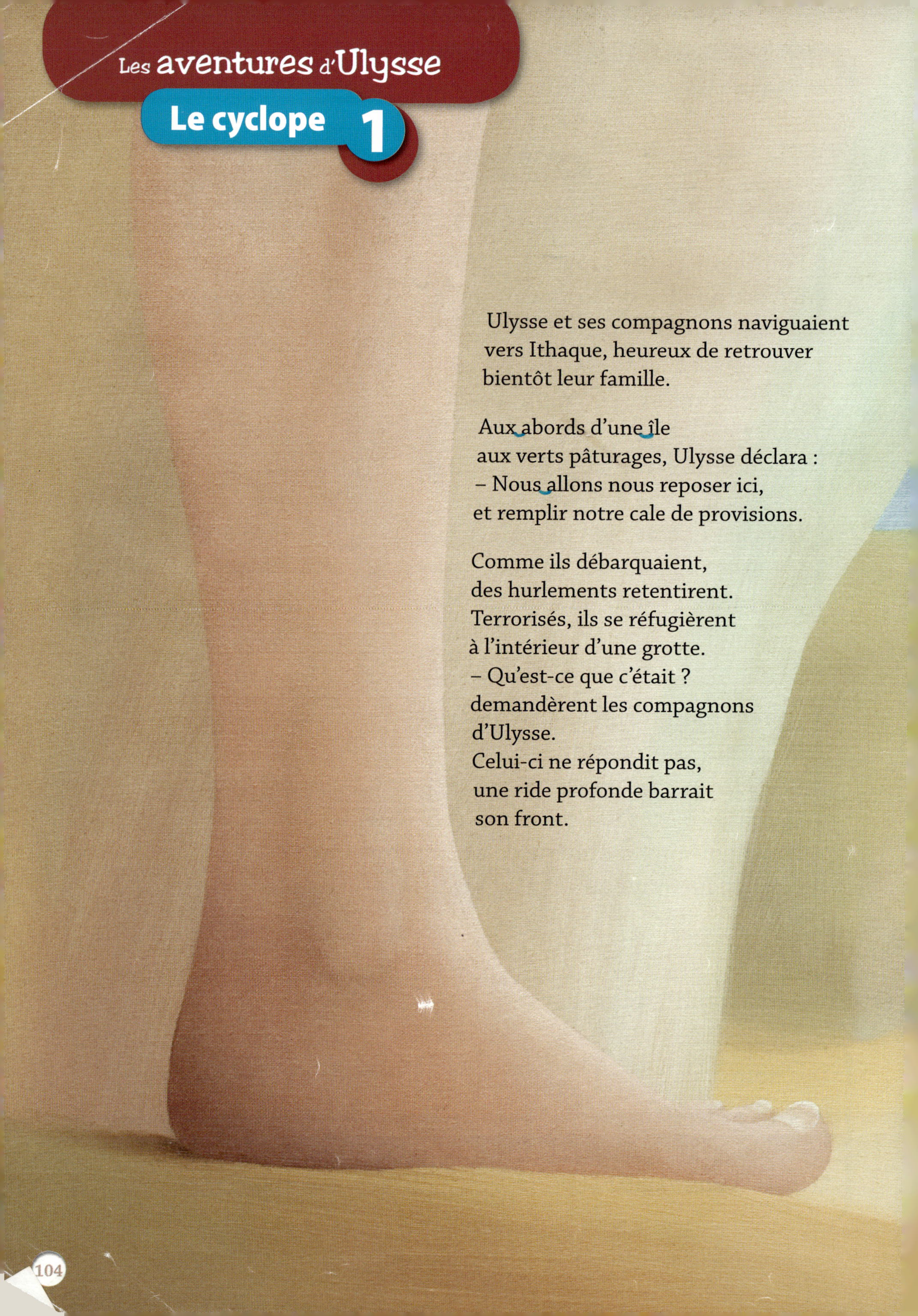

Ulysse et ses compagnons naviguaient vers Ithaque, heureux de retrouver bientôt leur famille.

Aux abords d'une île aux verts pâturages, Ulysse déclara :
– Nous allons nous reposer ici, et remplir notre cale de provisions.

Comme ils débarquaient, des hurlements retentirent. Terrorisés, ils se réfugièrent à l'intérieur d'une grotte.
– Qu'est-ce que c'était ? demandèrent les compagnons d'Ulysse.
Celui-ci ne répondit pas, une ride profonde barrait son front.

À l’extérieur, des bêlements retentirent, se rapprochèrent. Des moutons entrèrent dans la grotte, suivis de près par leur berger : un géant au front orné d’un œil unique, portant une massue plus grosse qu’un homme.
– Un cyclope ! s’écria Ulysse.

Sans rien dire, le géant se tourna vers les hommes, en saisit deux dans ses mains immenses, les porta à sa bouche et les dévora tout cru. Puis il se coucha à l’entrée de la grotte, et s’endormit.

Le lendemain, le cyclope sortit avec ses moutons. Il boucha l’ouverture avec un rocher.

Tandis que ses compagnons se lamentaient, Ulysse réfléchissait.
– Écoutez : nous allons aiguiser, puis faire chauffer un grand bâton. Quand le cyclope dormira, nous lui crèverons l’œil.

Étude du code

1. Observons les syllabes indiquées dans les mots suivants.

Agamemnon * les Grecs * une île grecque * un guerrier * un grand bâton * les guetteurs * un cheval gigantesque * garder * une grande fête * une grotte * une grosse massue * aiguiser

Maintenant, tu sais que :

[g]	g / gu
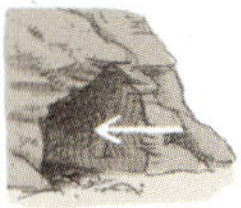 une grotte	 une guitare

Devant -e et -i, le son [g] s'écrit **gu**.

! La lettre **g** ne fait pas toujours le son [g]. Exemple : *un géant…*

2. Entraîne-toi à lire.

une gazelle * un dragon * une guenon * une graine * un aigle * un magasin * une goutte * une gare * un guidon * un guide * il guette * une blague * une baguette * du grain * il glisse * il grince * un goéland * une grue * gris * gros * gras * la gueule * une glace * un sanglier * Il est gourmand. * une grimace * un ogre * des guirlandes * une épingle * du gui

3. Parmi les mots précédents, **trouve** les réponses à ces devinettes.

?
- C'est une barre en métal qui permet de diriger un vélo : guidon
- C'est la femelle du singe : guenon
- On les utilise pour décorer le sapin de Noël : guirlandes

4. Amuse-toi à **dire** le plus vite possible.

Un gros dragon gradé
dégrade un dragon bien gras.

De l'écrit vers l'oral

1 Lire, comprendre et parler

- **Observons** l'illustration pp. 104-105 et **écoutons** le début de ce nouveau récit.
  Où sont Ulysse et ses compagnons ? Pourquoi se sont-ils arrêtés sur une île ?
- **Lisons** la suite du récit p. 105 pour **répondre** aux questions.
  Qui a pu pousser de tels hurlements ?
  Ulysse et ses compagnons courent-ils un grave danger ?

2 Comprendre les mots pour bien comprendre les phrases

« **Terrorisés**, ils se réfugièrent à l'intérieur d'une grotte. »

- **Trouvons** des synonymes du mot « terrorisés ».
  Pensons à l'histoire « Pierre le menuisier ».
- À votre avis, que font les compagnons d'Ulysse au fond de la grotte ?
  Parmi la liste suivante, **retrouvons** l'intrus.

ils tremblent * ils paniquent * ils dansent * ils se font tout petits * ils sont effrayés * ils hurlent * ils arrêtent de respirer * ils pleurent

3 Construire des phrases

- **Lis** les phrases suivantes et **complète**-les avec l'un des mots-étiquettes.

avant | pendant que | après

… de voir le cyclope, Ulysse et ses compagnons entendent des hurlements.

… avoir dévoré deux hommes, le géant se couche et s'endort.

… les hommes paniquent, Ulysse réfléchit à un plan.

… être sorti de la grotte, le cyclope bouche l'entrée avec un gros rocher.

Apprendre à écrire

puis	manger : il mange / ils mangent
jamais / toujours	dévorer : il dévore / ils dévorent

Étude du code

Rappel : La lettre **g** ne fait pas toujours le son [g].

1. Lisons ensemble les mots suivants.

Agamemnon * une île grecque * un guerrier * l'intelligence *
le visage * le rivage * les Grecs * un cheval gigantesque * garder *
une grande fête * ses compagnons * grâce * les pâturages *
ils se réfugièrent * une grotte

Maintenant, tu sais que :

la lettre g dans…

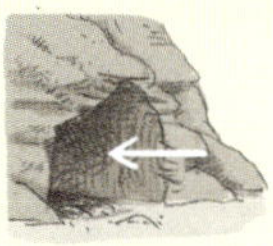

une grotte

une guitare

la girafe

un pigeon

la montagne …

2. Entraîne-toi à lire.

une gare * une goutte * un gland * Il galope. * Il est gai. * un geai *
il agrafe * un garçon * une bague * une digue * une vague *
un gilet * de l'orangeade * Elle se déguise. * la campagne *
une égratignure * Il se gratte. * une griffe * un agneau * Elle gagne. *
une cigogne * une étagère * une bougie * un village * grimper *
une nageoire * C'est gris. * un champignon * une signature *
une grue * la guerre * un cygne * une guêpe * un guidon

Devant -a, -o, -u, -l et -r, la lettre **g** se prononce [g].
Devant -e et -i, la lettre **g** se prononce [ʒ].
Devant -n, la lettre **g** se prononce [ɲ].

De la lecture vers l'écriture

1 Lire

Pour en savoir plus...

Qu'est-ce qu'un cyclope ?

Le cyclope est une créature fantastique.
C'est un géant qui n'a qu'un œil au milieu du front.
Le mot « cyclope » veut dire « œil rond » en grec.
Dans *Les Aventures d'Ulysse*, les cyclopes vivent
sur une île montagneuse et élèvent des moutons. Ils sont cruels
et ils tuent tous les étrangers qui débarquent sur leur terre.

Y a-t-il d'autres créatures fantastiques dans les récits légendaires ?

Dans la mythologie grecque,
il existe bien d'autres monstres
que les cyclopes avec leur œil unique.
On y rencontre des géants munis
de cent bras, des centaures à corps
de cheval et tête d'homme, des monstres
avec six têtes de chiens féroces
qui se nourrissent de chair humaine...
Tous ces monstres sont des êtres
au service des dieux pour punir
les hommes.

2 Choisir des mots pour écrire

Des noms

le monstre / le géant

le cyclope / la grotte / un plan

<u>les</u> compagnon<u>s</u> d'Ulysse

Des verbes

- **il** : attrape / dévore
- **il** : réfléchit / pense / prépare
- **il<u>s</u>** : se cache<u>nt</u> / pleure<u>nt</u>

so<u>nt</u> effrayé<u>s</u>, terrorisé<u>s</u>, angoissé<u>s</u>

Les aventures d'Ulysse

Le cyclope 2

Le soir, le cyclope dévora deux autres prisonniers.
Ulysse s'approcha de lui.
– Écoute, cyclope, si tu nous épargnes, je t'offre cette amphore de vin.
Et il déposa l'amphore aux pieds du géant.
– Comment t'appelles-tu, homme ? demanda celui-ci en roulant son œil énorme.
– Personne, répondit Ulysse.
– Eh bien, cher Personne, pour te remercier, je te mangerai en dernier !
Il éclata de rire, but le vin et s'endormit profondément.
– Allons-y ! murmura Ulysse.

Ses compagnons apportèrent l'épieu chauffé, et Ulysse le plongea dans l'œil du monstre. Celui-ci hurla si fort que les autres cyclopes arrivèrent devant la grotte.
– Qu'y a-t-il, Polyphème ? Qui te fait du mal ?
– Personne ! répondit-il.
Les cyclopes pensèrent que Polyphème avait trop bu et ils rentrèrent chez eux.

Les moutons, effrayés, bêlaient très fort. Polyphème décida de les laisser sortir. Placé à l'entrée de la grotte, il les tâtait pour vérifier que c'était bien des moutons qui passaient, et non des hommes.

Mais il ne devina pas
la ruse d'Ulysse :
agrippés sous le ventre des bêtes,
les Grecs sortirent un par un,
et regagnèrent leur navire.

Au loin, tandis que l'île disparaissait
dans la brume, ils entendirent encore
le cyclope maudire « Personne »...

Étude du code

1. Observons les syllabes indiquées dans les mots suivants.

les pâturages * le berger * le géant * ils se réfugièrent * le voyage * l'intelligence * j'ai * le jour * le rivage * large * jeudi * il plongea

Maintenant, tu sais que :

[ʒ]	j / g / ge

une jupe	une girafe	un pigeon

2. Entraîne-toi à lire.

une jupe * un jeu * des jumeaux * C'est jaune. * le Japon * le jardin * J'arrive. * Tu joues. * un journal * des jambes * un jambon * un pyjama * un géant * une cage * une tige * une girafe * un pigeon * Il est fragile. * une éponge * C'est rouge. * du fromage * un village * un oranger * une bougie * un bougeoir * un bourgeon * de l'orangeade * un plongeon * Il bougeait. * une mangeoire * Il mangeait. * un danger * Elle nage. * un donjon * une image

3. Parmi les mots précédents, **trouve** les réponses à ces devinettes.

?
- On l'enfile pour aller au lit : …
- C'est une grande tour dans un château fort : …

4. Amuse-toi à **dire** le plus vite possible.

Le jeune juge Georges juge justement Gilles, un jeune joueur jaloux.

De l'écrit vers l'oral

1 Lire, comprendre et parler

- **Observons** l'illustration pp. 110-111 et **écoutons** la suite du récit.
  Pourquoi Ulysse offre-t-il du vin au cyclope ?
  Pourquoi Ulysse dit-il s'appeler « Personne » ?
- **Lisons** la suite du récit pp. 110-111 pour **répondre** aux questions.
  Ulysse et ses compagnons vont-ils échapper au cyclope ?

2 Acquérir du vocabulaire

- **Retrouve** dans le texte les mots qui désignent :
  Ulysse ; le cyclope.

3 Construire des phrases

- À chaque fois, **fabriquons** deux phrases justes qui veulent dire la même chose.

le cyclope	dévore sont dévorés par	deux prisonniers
le cyclope	blesse est blessé par	Ulysse
les hurlements de Polyphème	attirent sont attirés par	les autres cyclopes

Apprendre à écrire

jamais / toujours avant / après ensuite	dévorer : il dévore / ils dévorent

Étude du code

1. Observons les syllabes indiquées dans les mots suivants.

une poi**gnée** * un compa**gnon** * s'éloi**gner** * épar**gner** * rega**gner**

Maintenant, tu sais que :

[ɲ]	gn

la montagne

2. Entraîne-toi à lire.

une châtaigne * une ligne * un agneau * des champignons *
une cigogne * une signature * un peigne * Elle a gagné. *
un cygne * une poignée * grogner * grignoter * aligner *
un trognon * la campagne * magnifique * la baignade *
une araignée * un peignoir * un signe * un chignon

3. Parmi les mots précédents, **trouve** les réponses à ces devinettes.

?

- C'est un animal qui tisse une toile pour piéger ses proies : …
- C'est un objet avec de longues dents qui permet de démêler les cheveux : …
- Il faut faire attention à ceux que l'on mange. Certains sont mortels : …

4. Amuse-toi à **dire** le plus vite possible.

Une araignée noire se baigne
dans une baignoire noire.

De la lecture vers l'écriture

1 Lire

Pour en savoir plus…

Que se passe-t-il quand Ulysse quitte le cyclope ?

Quand les Grecs sont hors de danger, Ulysse appelle le cyclope et lui crie : « Cyclope, si quelqu'un te demande un jour qui a crevé ton œil unique, dis-lui que c'est Ulysse, le vainqueur de Troie ! »
Maintenant, le cyclope connaît le vrai nom de celui qui l'a rendu aveugle. Il jure alors de se venger…

Le cyclope Polyphème va-t-il se venger d'Ulysse ?

Le cyclope Polyphème est le fils de Poséidon, le dieu de la mer. Fou de colère après Ulysse, il adresse une prière à son père et lui dit : « Poséidon, mon père, fais que cet Ulysse ne rentre jamais chez lui ! »
Le dieu de la mer entend la prière de son fils. Il utilisera alors tous ses pouvoirs pour empêcher Ulysse de rentrer à Ithaque.
Pendant des années, Ulysse devra affronter des épreuves terribles avant que la colère de Poséidon se calme.

2 Choisir des mots pour écrire

Des noms

le géant / le monstre

l'œil / un épieu
une amphore / du vin

les prisonniers

Des verbes

- **il** : aperçoit / réfléchit / crève / s'agrippe surveille / hurle / devient

- **ils** : tremblent / s'agrippent / s'accrochent s'enfuient / repartent / s'éloignent

Circé 1

Ulysse et ses compagnons naviguaient depuis plusieurs jours. Ils avaient affronté des tempêtes et ils étaient épuisés.

– Terre ! cria Euryloque.

Ulysse regarda l'île qui se découpait devant leurs yeux. Au sommet d'une colline recouverte de maquis, se dressait un grand palais de pierre.

– Amis ou ennemis ? Je n'ai pas le choix, pensa Ulysse.
Si nous poursuivons, nous mourrons de faim et de fatigue.

Les Grecs débarquèrent. Allongés sur le rivage, ils dormirent deux jours et deux nuits. Au troisième matin, Ulysse confia un groupe d'hommes à Euryloque et les envoya à la chasse.

Mais le soir, Euryloque revint seul.
– C'est affreux ! cria-t-il. Nous sommes sur l'île de la magicienne Circé ! Grâce à son chant, elle nous a attirés chez elle. Mes compagnons, assoiffés, ont bu un philtre qui les a transformés en cochons !

Ulysse confia la garde du navire à Euryloque et se mit en marche vers la maison de Circé l'enchanteresse.

Étude du code

! Attention, ne confonds pas [k] et [g] !

1. Parmi les mots suivants, **retrouve** le nom de chaque dessin et **écris**-les sur ton ardoise.

une crotte / une grotte * le cou / le goût * une crue / une grue * une classe / une glace * un clan / un gland * un gant / un camp * un cadeau / un gâteau

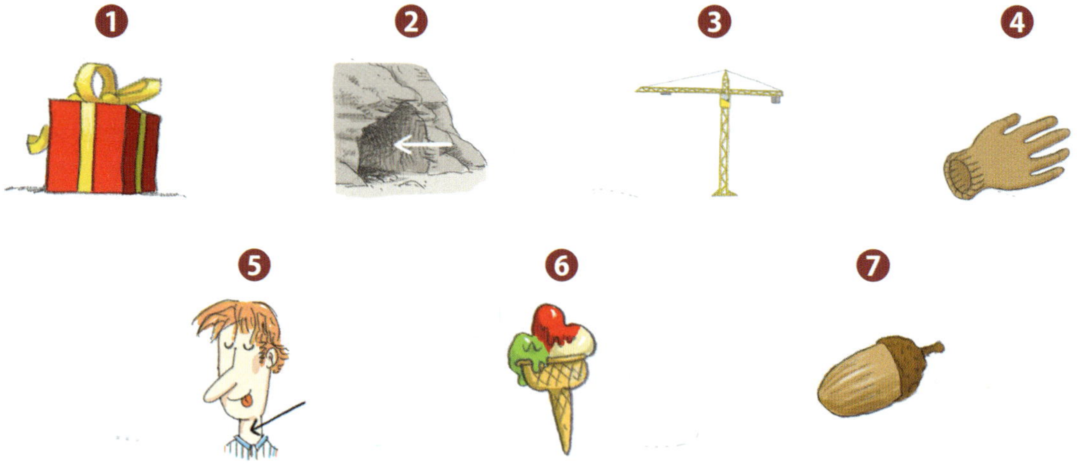

2. Parmi les mots suivants, **trouve** les réponses à ces devinettes.

un garde * un cadre * une grenouille * une quenouille * de l'ocre * un ogre * une guitare * des grains * du crin

?

- C'est un instrument de musique à cordes : ...
- On l'accroche au mur pour décorer la maison : ...
- Elle vit dans les mares et les endroits humides : ...
- Quand on écrase ceux du blé, on obtient de la farine : ...
- Dans les contes, il mange les petits enfants : ...

3. Amuse-toi à **dire** le plus vite possible.

Quinze gros rats grimacent
dans quinze grosses caisses grises.

De l'écrit vers l'oral

1 Lire, comprendre et parler

- **Observons** l'illustration pp. 116-117 et **écoutons** le début de ce nouveau récit.
  Où Ulysse et ses compagnons arrivent-ils ? Dans quel état sont-ils ? Pourquoi ?
- **Lisons** la suite du récit p. 117 pour **répondre** aux questions.
  Que va faire Ulysse ? Va-t-il s'arrêter sur cette terre ?
  Qui habite ce grand palais de pierre ?

2 Acquérir du vocabulaire

- Dans le texte p. 117, **retrouve** deux mots qui expliquent qui est Circé.
  Connais-tu des mots de la même famille et des synonymes ?

3 Comprendre les mots pour bien comprendre les phrases

- Dans les phrases suivantes, **précise** de qui il s'agit.

Ulysse | Circé | Euryloque | les Grecs | un groupe d'hommes

a. <u>Je</u> n'ai pas le choix.
b. <u>Ils</u> dormirent deux jours et deux nuits.
c. Ulysse <u>les</u> envoya à la chasse.
d. <u>Nous</u> sommes sur l'île de Circé.
e. <u>Elle</u> <u>nous</u> a attirés chez elle.
f. Mes compagnons ont bu un philtre qui <u>les</u> a transformés en cochons.
g. C'est par miracle que <u>j'</u>ai pu revenir jusqu'ici.

Apprendre à écrire

avant ensuite pendant	arriver : il / elle / on arrive ; il<u>s</u> / elle<u>s</u> arrive<u>nt</u> regarder : il / elle / on regarde ; il<u>s</u> / elle<u>s</u> regarde<u>nt</u>

Étude du code

Révisions

1. Observons les syllabes indiquées dans les mots suivants.

un guerrier * des provisions * bientôt * la confiance *
un magicien * rien * bien * des musiciens

Rappelle-toi que la lettre **i** fait parfois le son [j] !

2. Entraîne-toi à lire.

Fais attention à l'ordre des lettres : ne confonds pas
ien / **ein** ; **ian** / **ain** ; **ion** / **oin**.

un pion * le pain * maintenant * rien * le point * un chien *
une ceinture * une opération * un Parisien * un peintre * le soin *
un lion * vaincre * la confiance * en souriant * moins *
craindre * Il est plein. * une addition * attention * la viande *
un frein * le shampoing * un champion

3. Parmi les mots précédents, **trouve** les réponses à ces devinettes.

?

- J'en ai besoin pour tenir mon pantalon : … ceinture
- Il utilise des pinceaux, des rouleaux et des brosses : … peintre
- Il habite Paris : … Parisien
- C'est le roi des animaux : … lion
- On doit le mettre à la fin d'une phrase : … point

4. Amuse-toi à **dire** le plus vite possible.

À la saint Florian, sois souriant avec tes copains.
À la saint Julien, sois serein et adopte un chien.
À la saint Marion, tu verras un lion, au loin.
À la saint Glin-Glin, ne fais pas le malin !

De la lecture vers l'écriture

1 Lire

Pour en savoir plus…

Qui est Euryloque ?

Euryloque est l'un des plus fidèles compagnons d'Ulysse. Il est à ses côtés pendant la guerre de Troie et pendant le voyage du retour. C'est aussi un guerrier courageux et habile. Ulysse a toute confiance en lui et le considère comme son frère.

Qui est Circé ?

Circé est une magicienne d'une grande beauté.
C'est la fille du Soleil. Elle vit sur une île, dans un magnifique palais. Ses pouvoirs sont très puissants. Elle est même capable de faire descendre les étoiles du ciel !
Elle prépare des breuvages et des poisons de toutes sortes, et peut transformer les hommes en animaux.

2 Choisir des mots pour écrire

Des noms

la poudre / la bave / le sirop
une feuille / une dent
des poils / des cheveux

Des verbes

mettre / cuire / mélanger
ajouter / filtrer / saupoudrer
diluer / tremper / fondre

Circé 2

Dans la forêt, le dieu Hermès aux sandales ailées apparut à Ulysse.
– Écoute-moi bien, Ulysse, dit le dieu. Je vais te donner un moyen de vaincre Circé.
Il tendit une poignée d'herbe à Ulysse.
– Cette herbe de vie te permettra de résister à sa magie.
Lorsque Circé verra qu'elle ne peut rien contre toi, sors ton glaive et menace-la. Mais ne la tue pas ! Elle seule peut délivrer tes compagnons du sort qu'elle leur a jeté.

Sur ces paroles, Hermès disparut.
Ulysse avala l'herbe de vie, et se dirigea vers la demeure de Circé, d'où s'élevait un chant merveilleux.
Les portes du palais s'ouvrirent et Circé invita Ulysse à entrer.
La magicienne lui offrit une coupe d'or remplie de poison. Ulysse la but, mais il ne fut pas métamorphosé.
Il se précipita aussitôt sur elle, le glaive haut levé.

– Ne frappe pas ! implora Circé. Qui es-tu pour résister ainsi à mes enchantements ? Range cette arme et calme-toi. Tu n'as plus rien à craindre de moi.

Ulysse rangea son épée.
Circé lui fit la promesse de libérer ses compagnons et de briser le sort qu'elle leur avait jeté.

Étude du code

1. Lisons ensemble les mots suivants.

un texte * nombreux * les dieux * deux * merveilleux * dix *
il explique * un exercice * le choix * un taxi * la boxe * six * deuxième

Maintenant, tu sais que :

la lettre *x* dans…

un taxi

six

deux

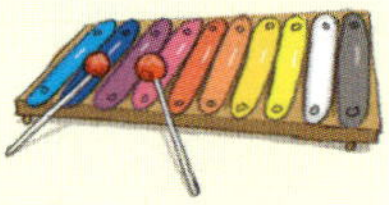

un xylophone

deuxième

les oiseaux

On entend [ks] ou [gz].

On entend [s] ou [z].

En fin de mot, la lettre **x** est muette et indique souvent le pluriel.

2. Entraîne-toi à lire.

un saxophone * C'est exact. * mixer * un mixeur * un exploit *
la voix * une noix * le prix * le klaxon * la boxe * un exemple *
exister * une explication * Il est vexé. * une école mixte * malaxer *
un expert * une expédition * dix * C'est extraordinaire.

3. Parmi les mots précédents, **trouve** les réponses à ces devinettes.

?

- C'est un instrument de musique à vent : … un saxophone
- C'est l'avertisseur sonore des voitures et des vélos : … klaxon
- C'est un voyage ou une mission d'exploration : … une expédition
- C'est le fruit du noyer : … une noix
- C'est le premier nombre à deux chiffres : … dix

De l'écrit vers l'oral

1 Lire, comprendre et parler

- **Observons** l'illustration pp. 122-123 et **écoutons** la suite du récit.
  Qui vient en aide à Ulysse ?
  Que doit faire Ulysse pour sauver ses compagnons ?
- **Lisons** la suite du récit p. 123 pour **répondre** aux questions.
  Est-ce qu'Ulysse va réussir à sauver ses compagnons ?
  Que va faire Circé ?

2 Acquérir du vocabulaire

- Dans le texte p. 123, **trouve** deux mots qui désignent la maison de Circé.
  Connais-tu d'autres synonymes ?

3 Comprendre les mots pour bien comprendre les phrases

- Dans les phrases suivantes, **précise** de qui ou de quoi il s'agit.

a. Ulysse veut les sauver.
b. Ulysse le rencontre dans la forêt.
c. Le dieu la donne à Ulysse pour le protéger de Circé.
d. Ulysse la mange avant de rencontrer Circé.
e. Elle l'utilise pour attirer les hommes dans sa maison.
f. Quand Ulysse la boit, rien ne se passe.
g. Ulysse le lève pour menacer Circé.
h. Ulysse la menace mais ne la tue pas.
i. Circé va les délivrer du sort qu'elle leur a jeté.

Apprendre à écrire

longtemps	arriver : il / elle / on arrive ; ils / elles arrivent regarder : il / elle / on regarde ; ils / elles regardent

Étude de la langue

Connaissance des temps : passé / présent / futur

Au même moment

Avant

Après

1. Plaçons les phrases suivantes sur la ligne ci-dessus.

a. Circé a transformé les compagnons d'Ulysse en cochons.
b. Circé rendra leur forme humaine aux guerriers grecs.
c. Circé demande à Ulysse de ranger son arme.
d. Euryloque a prévenu Ulysse du danger.
e. Circé a offert une coupe remplie de poison à Ulysse.
f. Hermès a donné une poignée d'herbe magique à Ulysse.
g. Ulysse et ses compagnons reprendront la mer vers Ithaque.
h. Circé invite Ulysse à se calmer.

2. Classe les verbes soulignés dans la bonne colonne.

Passé : avant	Présent : au même moment	Futur : après

3. Classons les phrases suivantes dans l'ordre de l'histoire.

a. En quittant la ville de Troie, Ulysse et ses compagnons ont combattu Polyphème le cyclope.
b. Maintenant, Ulysse repart avec ses compagnons vers Ithaque.
c. Les Grecs ont vaincu les Troyens grâce à une ruse d'Ulysse.
d. Bientôt, il retrouvera sa femme Pénélope et son fils Télémaque.
e. Puis, ils se sont arrêtés sur l'île de la magicienne Circé.

4. Regardons attentivement chaque verbe souligné, et **précisons** s'il est au passé, au présent ou au futur.

De la lecture vers l'écriture

1 Lire

Pour en savoir plus…

Qui est Hermès ?

Hermès est le fils de Zeus. Il est le gardien des routes et des voyageurs et il guide les héros. C'est aussi le messager des dieux. Il est coiffé d'un grand chapeau à larges bords et est chaussé de sandales qui portent des ailes et lui permettent d'aller plus vite.

Comment les dieux interviennent-ils dans les légendes ?

Dans les récits légendaires, les héros sont aidés par certains dieux et combattus par d'autres. Ulysse doit affronter la colère de Poséidon, mais il reçoit l'aide d'Hermès, d'Éole et, plus tard, d'Athéna. Finalement, c'est Zeus, le dieu des dieux,qui ordonnera que les malheurs d'Ulysse cessent en récompense de son courage. Mais Ulysse mettra dix ans à faire le voyage de retour et quand il arrivera à Ithaque, il devra encore se battre pour retrouver sa femme et son trône.

Son voyage a été raconté par un grand poète grec, Homère, dans le livre L'Odyssée.

2 Choisir des mots pour écrire

Des noms

la magicienne / la fée / l'enchanteresse
un glaive / une épée
le bras

Des verbes

- **elle / il :** discute / se fâche écoute / se calme / implore supplie / frappe / lève
- **ils :** discutent

Crédits photographiques du module 7

De haut en bas et de gauche à droite :

– Le loup

p. 60 : © Image Source / Photononstop ; © AGE / Photononstop (repris en pp. 59, 61, 63 et 65)
P. 61 : © McPHOTO / Vario Creative / Photononstop ; © Joseph Van Os / Riser / Getty Images ;
© Gary Vestal / Photographer's Choice / Getty Images
P. 63 : © Eric Baccega / Agefotostock

– L'ours

p. 66 : © Morales / Agefotostock ; © Peter Lilja / Agefotostock ;
© Tom Brakefield / Stockbyte / Getty Images ; © DLILLC / Corbis / Photononstop
p. 67 : © DLILLC / Corbis / Photononstop ; © Matthias Breiter / Minden Pictures / Getty Images ;
© Daniel J. Cox / The Image Bank / Getty Images (repris en pp. 59, 67, 69 et 71)
p. 69 : © Mauritius / Photononstop

– La baleine

p. 59 : © Sylvain Cordier / Brand X Pictures / Getty Images (repris en pp. 73, 75 et 77)
p. 72 : © Bob Charlton / Lonely Planet Images / Photononstop ; © DLILLC / Corbis / Photononstop ;
© AGE / Photononstop
p. 73 : © Mike Parry / Minden Pictures / Getty Images ; © Flip Nicklin / Minden Pictures / Getty Images
p. 75 : © Mauritius / Photononstop

– Le renne

p. 78 : © Bruce Coleman / Photononstop (repris en pp. 79, 81 et 83) ; © Juniors / Photononstop
p. 79 : © D. & M. Sheldon / Mauritius Images / Photononstop ;
© Wayne R. Bilenduke / The Image Bank / Getty Images (repris en p. 59)
p. 81 : © Michael Quinton / Minden Pictures / Getty Images

Crédits textes

Module 1 : « Un Loup très bête », conte slave © *Mille et une histoires*, n° 37, Fleurus Presse, janvier 2003.

Module 2 : *Trop petit !*, Marc Cantin, Charlotte Roederer © Nathan, collection « Mes p'tites histoires », 2006.

Module 3 : *Le Lutin horloger*, Mireille Barataud © Retz, 2011.

Module 4 : *Le Noël des Korrigans*, Mireille Barataud © Retz, 2011.

Module 5 : *Le Grain de riz*, Alain Gaussel © Syros, collection « Mini Syros – Paroles de conteurs », 1997, 2006.

Module 6 : *Pierre le menuisier*, Laure Le Moing © Retz, 2011.

Module 8 : *Les Aventures d'Ulysse*, Roland Fuentès (d'après Homère) © Retz, 2011.

Virelangues des pages 90, 96, 100 et 120, Christophe Miraucourt © Retz, 2011.

Direction éditoriale : Sylvie Cuchin
Édition : Joëlle Gardette
Conception de la maquette et mise en page :
Anne-Danielle Naname / Laure Gros
Illustrations : couverture, Nicolas Gouny ; dessins-vignettes, Grégoire Mabire ; module 5 (pp. 7-32), Fabienne Pierron ; module 6 (pp. 33-58), Lucie Minne – (premières illustrations des pp. 37, 41, 45, 49, 53 et 57), Machin ; module 7 (pp. 65, 71, 77 et 83), Warfi ; module 8 (pp. 85-127), Éric Puybaret – (pp. 91, 97, 103, 109, 115, 121, 127), Benjamin Bécue.
Cursive : SG Création
Corrections : Bérengère de Rivoire

N° de projet : 10251367 – **Dépôt légal :** mai 2011
Achevé d'imprimer en France en janvier 2019 sur les presses de Loire Offset Titoulet

FSC www.fsc.org MIXTE Papier issu de sources responsables FSC® C022030